新媒体营销系列

新媒体用户行为与心理

IMS（天下秀）新媒体商业集团　编著

U0361773

清华大学出版社
北京

内容简介

用户行为与心理分析是电子商务、新媒体等行业的重要基础。随着行业的快速发展，对相关领域的人才需求与日俱增。本书通过对用户行为与心理进行基础讲解，目的是让读者全面且细致地学习用户的行为与心理的相关专业知识。本书采用任务制的方式，在完成不同任务的过程中学习理论知识，由浅到深地展开学习。

本书采用"理论+实践"的教学模式，共9章，分别是用户行为与心理概述、网络用户的特点、网络用户行为与心理分析、网络用户个性心理与行为特征、网络消费者行为的影响因素、网络消费心理的影响因素、产品与消费心理、价格与消费心理、分销渠道与消费心理分析。每章包含基础理论知识与相关案例分析，重在引导读者在掌握专业知识的同时思考用户行为与心理的具体实践方式，用理论知识指导实践操作，用实践操作巩固理论知识，使课程循序渐进，渐入佳境。另外，本书赠送授课大纲和PPT课件，以便读者学习和教师授课。

本书结构合理、由易到难，图片与视频精美实用、分解详细，文字阐述通俗易懂，与实践结合非常密切，具有很强的实用性，适合高职、大中专院校相关专业的学生使用。

图书在版编目（CIP）数据

新媒体用户行为与心理 / IMS（天下秀）新媒体商业集团编著. —北京：清华大学出版社，2022.5

（新媒体营销系列）

ISBN 978-7-302-60489-1

Ⅰ.①新… Ⅱ.①Ⅰ… Ⅲ.①传播媒介－研究 Ⅳ.①G206.2

中国版本图书馆CIP数据核字（2022）第054811号

责任编辑：张　敏
封面设计：郭二鹏
责任校对：徐俊伟
责任印制：刘海龙

出版发行：清华大学出版社
　　　　网　　　　　址：http://www.tup.com.cn，http://www.wqbook.com
　　　　地　　　　　址：北京清华大学学研大厦A座　　　邮　　编：100084
　　　　社　总　机：010-83470000　　　　　　　　邮　购：010-62786544
　　　　投稿与读者服务：010-62776969，c-service@tup.tsinghua.edu.cn
　　　　质　量　反　馈：010-62772015，zhiliang@tup.tsinghua.edu.cn
印　装　者：小森印刷霸州有限公司
经　　销：全国新华书店
开　　本：170mm×240mm　　印　张：13.75　　字　数：296千字
版　　次：2022年7月第1版　　印　次：2022年7月第1次印刷
定　　价：69.80元

产品编号：096072-01

编委会名单

编　著　者：IMS（天下秀）新媒体商业集团

编委会成员（排名不分先后）：

前言
PREFACE

当前，我国的网络消费市场发展迅速，在短视频、直播带货和网购等方面尤为突出，面对蓬勃的市场，产品策划师、互联网营销师等相关的高等专业人才数量却难以满足市场需求。因此，对于用户的消费行为进行剖析不仅有利于整个网络消费环境的提升和改善，也可以缓解当下行业人才迫切需要的压力。本书聚焦于用户的消费行为与心理，通过理论与实践相结合的方法完成教学培养目标，重点培养学生关于网络消费者的消费行为与心理等方面的专业能力，掌握网络用户行为与心理从业能力，为蓬勃发展的市场培养和输送更多的专业人才。

本书内容

本书共 9 章，分别为用户行为与心理概述、网络用户的特点、网络用户行为与心理分析、网络用户个性心理与行为特征、网络消费者行为的影响因素、网络消费心理的影响因素、产品与消费心理、价格与消费心理、分销渠道与消费心理分析。

每章围绕一个知识主题，设置相关的课堂讨论与时下热门案例的分析，采用案例教学、情景模拟和角色模拟等教学方法，注重实践分析工具的运用，进行"参与式"和"合作式"教学，旨在提升读者的团队协作能力、统筹管理能力、理解能力、资料收集与整理的能力、分析能力、实践能力和创新能力。

本书内容依据产品设计、产品策划、互联网营销等相关职业岗位所需的行业基础知识要求而设置，以用户行为与心理相关岗位所需的能力为出发点，充分考虑职场新人应具备的相关理论知识和实践能力，构建了本课程的理论教学内容。同时根据不同的理论教学内容，有针对性地加入实训环节，在实践中强化相关理论知识，为以后的课程学习打好基础。

本书特点

本书采用"理论＋实践"的教学模式，用理论指导实践，用实践巩固理论，并配合相应的课堂讨论，对课堂学习成果进行巩固并加深学生对知识点的理解，采用互动式课堂，让每个学生参与进来，提高学生的学习兴趣和自主学习的能力，丰富课堂教学形式与内容。同时，本书还设置了每章的能力目标，让教师与学生都能把握住章节重点，更好地学习本课程。

　　本书赠送授课大纲和 PPT 课件，以便读者学习和教师授课，读者可根据个人需求扫描下方二维码下载使用。

编者

授课大纲

PPT 课件

目录
CONTENTS

第1章　用户行为与心理概述

用户的心理是不断变化、难于捉摸的。

做过用户调查的人都知道，用户说的和用户做的未必是一样，也就是说，用户的行动和用户被问之的想法并不一定是一致的。用户的心理过程和用户的行为动作，并不能保持一致。这种情况，对用户的研究分成两个层次，一个是用户的心理研究，一个是用户的行为研究。

用户的想法，透过口述或是笔述体现出来。通常情况下，社会调研的过程就是对用户心理过程的一个记录。用户的心理过程和用户行为并不相同。所以在研究上，二者也不能混为一谈。其实，记录分析用户行为，目的是了解一个标准人的行为特征和下一步的动作、优化网站设计和内容、简化用户点击步骤等。简单来说，就是要提供更好的服务。

用户行为研究，是随着网络的普及和发展而逐渐兴起的一个研究方向。网络中，对用户行为的研究，和数据挖掘及统计分析密切结合在一起。网站中记录用户行为的过程，不需要告知用户，用户也不用提供答案。用户在网站中的一切动作，比如鼠标移动、点击、收藏、购买等动作记录下来，就是一个用户的行为过程。如果网站用户数据量足够大，就可以获得这个网站上用户群体的行为特征，对网站的改进有非常重要的价值。

1.1　用户行为与心理的基本概念

现阶段，无论是新媒体人还是产品经理等网络营销相关工作者必须充分了解消费者或目标用户如何挑选、购买、使用、处置产品、服务、体验或创意，才能创造出符合消费者 / 目标用户需求的产品，制定合理的价格、合适的分销渠道策略、产出击中用户内心的广告文案。

了解用户是一切销售人员必须掌握的基本功，本节内容主要了解用户、用户行为与用户心理的相关基本概念。

1.1.1　用户的基本概念

用户是指所有接受某一项产品服务的客体，不单指某一类人，泛指所有享受服务的客观事物。换言之，用户也可以理解为使用者，即产品或服务的无偿使用者。

信息通信技术的发展使得创新不再是科学家和技术研发人员的专利，用户对于科技创新的重要性被日益认识，用户参与的创新 2.0 模式正在逐步显现，用户需求、用户参与、以用户为中心被认为是新条件下创新的重要特征，用户成为创新 2.0 的关键词，用户体验也被认为是知识社会环境下创新 2.0 模式的核心。这趋势在互联网领域的应用创新方面尤其明显，如软件的设计、开发等。图 1-1 所示为用户概念图。

图 1-1　用户概念图

正是因为对于用户体验的重视，由此延伸至对于用户行为和用户心理领域的研究愈加深刻和细致。

1. 用户体验

用户体验（User Experience，UE/UX）是用户在使用产品过程中建立起来的一种纯主观感受。但是对于一个界定明确的用户群体来讲，其用户体验的共性是能够经由良好设计实验来认识到。计算机技术和互联网的发展，使技术创新形态正在发生转变，以用户为中心、以人为本越来越得到重视，用户体验也因此被称作创新 2.0 模式的精髓。在中国面向知识社会的创新 2.0——应用创新园区模式探索中，更将用户体验作为"三验"（体验、试验和检验）创新机制之首。

ISO 9241-210-2012 将用户体验定义为"人们对于使用或期望使用的产品、系统或者服务的认知印象和回应"。通俗来讲就是"这个东西好不好用，用起来方不方便"。因此，用户体验是主观的，且其注重实际应用时产生的效果。

ISO 定义的补充说明有着如下解释：用户体验，即用户在使用一个产品或系统之前、使用期间和使用之后的全部感受，包括情感、信仰、喜好、认知印象、生理和心理反应、行为和成就等各个方面。用户体验包括品牌、可用性、功能和内容 4 个部分，如图 1-2 所示。

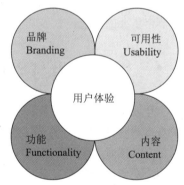

图 1-2　用户体验的 4 个部分

在互联网领域，用户体验大致分为 3 种类型。

（1）感官体验

感官体验主要是指呈现给用户视听上的体验，强调舒适性，一般在色彩、声音、图像、文字内容、网站布局等呈现。图 1-3 所示为网站布局模板。

图 1-3　网站布局模板

（2）交互用户体验

交互用户体验主要指界面给用户使用、交流过程的体验，强调互动、交互特性。交互体验的过程贯穿浏览、点击、输入、输出等过程给访客产生的体验。图 1-4 所示为透明的 UI 交互界面，这种新颖的界面给用户带来新鲜感与科技感，炫酷十足。

图 1-4　透明的 UI 交互界面

（3）情感用户体验

情感用户体验主要强调用户心理的认可度。让用户通过站点能认同、抒发自己的内在情感，那说明用户体验效果较深。情感体验的升华是口碑的传播，形成一种高度的情感认可效应。

2. 用户、客户与顾客的概念辨析

用户、客户和顾客这三者的联系在于这三者的关系是递变。用户区别于客户，客户是在商业里面产品或者服务的购买者，用户付费才成为客户。

（1）从概念角度辨析

顾客是商店或服务行业前来购买东西的人或要求服务的对象，包括组织和个人。

用户是使用计算机或网络服务的人，通常拥有一个用户账号，并以用户名识别。客户是中国古代户籍制度中的一类户口，与主户相对而言，泛指非土著的住户。

（2）从自然人角度辨析

客户或顾客可以用金钱或某种有价值的物品来换取接受财产、服务、产品或某种创意的自然人或组织。用户则不是。

（3）从授权角度辨析

用户可以通过账号向系统服务进行身份验证，并获取相关授权，但身份验证并不代表授权。而客户和顾客则不能。

1.1.2　用户行为的基本概念

用户行为由最简单的 5 个元素构成，即时间、地点、人物、交互、交互的内容。

对用户行为进行分析，要将其定义为各种事件。比如用户搜索是一个事件，在什么时间、什么平台上、哪一个 ID、做了搜索、搜索的内容是什么。这是一个完整的事件，也是对用户行为的一个定义，即用户可以在网站或者是 App 中定义千千万万个这样的事件。

有了这样的事件以后，就可以把用户行为连起来观察。用户首次进入网站后就是一个新用户，他可能要注册，那么注册行为就是一个事件。注册要填写个人信息，之后他可能开始搜索买东西，所有这些都是用户行为的事件。图 1-5 所示为用户行为概念图。

微信　微博　QQ　cookie　手机号　邮箱　注册ID

图 1-5　用户行为概念图

那么，我们又该如何去监测这些用户行为数据呢？

一种非常传统、非常普遍的方式就是通过写代码去定义这个事件。在网站需要监测用户行为数据的地方加载一段代码，比如说注册按钮、下单按钮等。加载了监测代码，我们才能知道用户是否点击了注册按钮、用户下了什么订单。

所有这些通过写代码来详细描述事件和属性的方式，国内都统称为"埋点"。这是一种非常耗费人力的工程，并且过程非常烦琐重复；但是大部分互联网公司仍然雇佣了大批埋点团队。

在产品的设计与运营过程中，通过数据对用户行为进行分析，我们可以总结分析出用户行为与产品之间的关联，并针对性地对产品做出改进。

课堂讨论：以电商 App 为例，列举用户行为有哪些？

1.1.3　用户心理的基本概念

用户心理指用户在符号活动梳理的过程和结果，具体是指用户对客观物质世界的主观反映，心理的表现形式叫作心理现象，包括心理过程和心理特性。用户的心理活动都有一个发生、发展、消失的过程。用户在活动的时候，通过各种感官认识外部世界事物，通过头脑的活动思考着事物的因果关系，并伴随着喜、怒、哀、惧等情感体验。这折射着一系列心理现象的整个过程就是心理过程。按其性质可分为 3 个方面，即认知过程、情感过程和意志过程，简称知、情、意。

图 1-6 所示为用户"随大流"心理的漫画。

图 1-6　用户"随大流"心理的漫画

用户心理分析的基础是建立于了解了各种用户心理之上。而用户心理都有哪些呢？为了更好地列举用户心理，我们可以依据马斯洛需求理论进行分类。

依据马斯洛需求理论（不包括生理需要），划分的需求如表 1-1 所示。

表 1-1　人类需求划分（不包括生理需要）

需　　要	具 体 描 述
安全需求	人身安全、秩序、稳定、保障
情感需求	友谊、爱情、亲情、关怀、人际
尊重需求	认可、地位、成就、声望、对他人尊重、被他人尊重
认知需求	知识、好奇
美学需求	美丽、匀称、欣赏
自我实现需求	道德、创造力、自觉性、问题解决能力

对于新媒体从业者或者产品经理来说，掌握用户的心理模型非常重要，这直接关系到产品是否受大众欢迎，不要被别人一说也有人这样设计就哑口无言。用户心理模型的定义是这样的：心理模型是指人们通过经验或者教导，对事物形成的模型。

1. 用户心理模型是客观事物的映射

假如有人对你说，公司楼下新开了一家饭店，环境一流、服务一流且口味一流，这时你的大脑肯定闪过多个画面：精致的环境、可口的饭菜……

上述内容来自于你对优质餐厅的感知而形成的一种心理模型，如果实际去到餐厅后发现餐厅并不是这样的，那就不符合你的心理模型了。当然，你也不会因为这个怎样，但是对于使用产品的用户就不是这样了，不符合用户心理模型的设计会增加用户学习和认知产品时间，严重的话会使用户弃用产品。

2. 用户心理模型是可以改变的

用户心理模型可以被训练或教导而改变的，假如你对唐朝人说"美女"这个词时，大概率他们不会联想到"以瘦为美"这个心理模型。在互联网产品设计中也有很多设计是现实中没有的画像，比如点赞、收藏等动能，但是我们已经习惯看到这个图标就知道它的功能，因为我们已经习惯了这种行为认知。图 1-7 所示为收藏和点赞的图标示例。

图 1-7　收藏和点赞的图标示例

用户心理模型可以被教导而改变，对于现实设计中没有习惯用法的我们可以大胆创新，引导用户建立心理模型。但是对于已经有习惯用法的（比如开机 / 关机等图标，已经在用户脑子里面建立了模型），我们还是尽可能使用习惯用法，这样可以节省用户的学习成本，避免引起用户的吐槽。图 1-8 所示为开机 / 关机的图标示例。

图 1-8 开机 / 关机的图标示例

3. 用户心理模型必定是简单的

值得注意的是，用户的心理模型必定是简单的，这将有助于用户去使用产品。

有时候用户的理解不是很准确，但是没有必要让普通用户去理解 TCP/CP，要做的是让产品界面和用户心理模型一致。

案例 短视频标题抓住用户心理，巧妙制胜

时下非常流行的短视频主要依靠视频内容取胜，但有的视频内容平淡却广受关注，造成这种现象的原因是什么呢？

当内容存在短板时，短视频标题的文案就显得非常重要，用户看了标题文案，才知道视频所表达的内容，因此文案的力量不可小觑，什么样的标题才会引起用户的共鸣？大致分为以下 8 种类型。

1. 贴标签

短视频的推荐系统技术是人工智能算法，由此不得不提到关键词，关键词有利于短视频机器来识别视频所表达的内容，便于将同类型视频归类在不同的流量池里面，让喜欢同类型的用户参与其中。大多数短视频平台的标题文案控制在 55 个字符，用户大约可以用 30 个字来写标题文案，过长不利于阅读识别，也不利于用户的阅读，因此控制在 30 字以内，贴标签简洁字符也会引起共鸣，这是非常好的制作标题文案的方法。

标签里面要求包括一个核心关键词、主题或者地点，能够突出亮点，获得更多的推荐。

2. 找共鸣

贴标签逻辑的起点正是找共鸣，锁定情绪表达、社会正能量、年龄、人群、性别、文化等关键词能够很快帮助用户找到共鸣，做视频之前需要创作者明确视频内容，针对用户等方面寻找共鸣关键词。

3. 提问题

所有文案原则上都可以以提问题方式结束。提问题的好处是便于引发用户思考找到共鸣，更有利于产生互动。无论是演讲还是做视频还是交流，都要善于提问题，一个好的问题会引发用户与创作者之间深度的互动，引发观众深入思考，拉近视频和用户的心理距离，产生强烈的互动感。

4. 列数字

数字具有感官性，拥有记忆特点，这种特质更容易抓住用户心理，产生深刻的印象，数字用具象化的方式强化视频内容。数字可以量化事物的表达效果，例如，五个方法，让你轻松搞定 5000 个雅思词汇；成功的三个技巧，让你走上人生巅峰等。图 1-9 所示为列数字类型海报。

图 1-9　列数字类型海报

5. 用对比

用前后对比、人与人之间的对比、多位数字的对比，让人留下深刻的印象。比如名人或者热点事件等两者的区别或者共同点采用的是对比法展现，能够激发用户探究的欲望。

6. 留悬念

人人皆有好奇之心，文案中的悬念就会让用户有冲动想将视频看完，留悬念比普遍性的提问更具诱惑性、神秘感，故意在文案中隐藏关键的事件或者是关键的人物以及关键的时间、地点，让用户对视频充满了好奇，增加视频的互动率。

7. 讲经历

打造个人 IP，讲自己的亲身经历，把自己融入内容之中，以此引起用户、粉丝或者观众的共鸣。第一人称的表达可以把自己置入视频之中，无论是自黑还是正能量地表扬自己、诉说往事或者是前后的悔恨皆可，更能展现视频的真实性，更能获得粉丝和用户的共鸣。

8. 追热点

标题文案追热点，热点是大家都熟知的事件，更加容易引起讨论，激起用户的好奇心，可以从不同的人的角度去寻找同一件事物的不同看法，可在视频中找知音或者丰富自我观点，这种类型易让观众想看下去并且产生互动。

课堂讨论： 以电商 App 为例，列举用户心理可能有哪些？

1.2　用户行为与用户心理的研究内容

用户行为研究与用户心理研究是指将特定目标群体的用户的行为模式、思维习惯等进行分析，并加以合理利用。如今，用户行为研究与用户心理研究在现在互联网领域等各个领域发挥着日益重要的作用。

1.2.1　用户行为研究内容

用户行为分析是对用户在产品上产生的行为及行为背后的数据进行分析，通过构建用户行为模型和用户画像，来改变产品决策，实现精细化运营，指导业务增长。

用户行为研究内容主要包括两个方向：研究对象和应用领域，具体内容如表 1-2 所示。

表 1-2　用户行为研究主要内容

用户行为研究方向	具体内容
研究对象	用户的思维习惯和使用习惯
应用领域	交互设计、用户体验、以用户为中心设计

用户行为研究的目的是要了解人们对问题或现象的认识与态度如何影响他们的行为。这样的知识可以用在教育、营销、服务、管理、信息系统的设计、服务系统的设计、心理辅导、广告、公司形象管理、大众传播管理、组织动员、政治宣传等。总之，了解人的行为，可以让我们更好地为别人服务。

对于互联网金融、新零售、供应链、在线教育、银行、证券等行业的产品而言，以数据为驱动的用户行为分析尤为重要。用户行为分析的目的是推动产品迭代，实现精准营销，提供定制服务，驱动产品决策。

表 1-3 所示为用户行为研究的对象以及目的。

表 1-3　用户行为研究的对象以及目的

对象	用户行为研究目的
产品	帮助验证产品的可行性，研究产品决策，清楚地了解用户的行为习惯，并找出产品的缺陷，以便需求的迭代与优化
设计	帮助增加体验的友好性，匹配用户情感，细腻地贴合用户的个性服务，并发现交互的不足，以便设计的完善与改进
运营	帮助裂变增长的有效性，实现精准营销，全面地挖掘用户的使用场景，并分析运营的问题，以便决策的转变与调整

用户行为研究内容包括以下几个方面。

1. 采集用户行为数据

用户行为数据其实有很大的商业价值，首先要明确数据的采集方式，以便更好地支持后续的数据分析。常用的数据采集方式有：平台设置埋点和第三方统计工具。

平台设置埋点是一种非常普遍的收集方式，即通过编写代码和日志布点的方式，来详细描述事件和属性。以用户登录为例，用户在 App 上进行登录时，相关操作都会被记录下来，并以日志形式存储在指定的服务器上。

第三方统计工具一般是通过 SDK 接入，我们只需根据指标去搭建分析模型。常见的第三方统计工具有：百度统计、CNZZ 统计、GrowingIO、诸葛 IO、神策 IO、Google Analytics、Thinking Analytics 等。图 1-10 所示为百度统计的界面。

图 1-10　百度统计的界面

2. 用户行为分析指标

对用户行为数据进行分析，关键是找到一个衡量数据的指标。根据用户行为表现，可以细分多个指标，主要分为三类：黏性指标、活跃指标和产出指标，具体内容如表 1-4 所示。

表 1-4　用户行为表现指标汇总表

用户行为表现指标	具体内容
黏性指标	主要关注用户周期内持续访问的情况，比如新用户数与比例、活跃用户数与比例、用户转化率、用户留存率、用户流失率、用户访问率
活跃指标	主要考察的是用户访问的参与度，比如活跃用户、新增用户、回访用户、流失用户、平均停留时长、使用频率等
产出指标	主要衡量用户创造的直接价值输出，比如页面浏览数、独立访客数 UV、点击次数、消费频次、消费金额等

这些指标细分的目的是指导运营决策，即根据不同的指标去优化与调整运营策略。简而言之，用户行为分析指标细分的根本目的有：一是增加用户的黏性，提升用户的认知度；二是促进用户的活跃，诱导用户的参与度；三是提高用户的价值，培养用户的忠诚度。

3. 做好用户行为分析

确定好用户行为分析指标后，可以借助一些模型对用户行为的数据进行定性和定量的分析。常用的分析模型有：行为事件分析、用户留存分析、漏斗模型分析、行为路径分析和福格模型分析，具体内容如表 1-5 所示。

表 1-5　用户行为分析模型及内容

分析模型	具体内容
行为事件分析	行为事件分析是根据运营关键指标对用户特定事件进行分析。通过追踪或记录用户行为事件，可以快速了解到事件的趋势走向和用户的完成情况
用户留存分析	用户留存分析是一种用来分析用户参与情况与活跃程度的模型。通过留存量和留存率，可以了解用户的留存和流失状况。比如用次日留存、周留存、月留存等指标来衡量产品的人气或黏度
漏斗模型分析	漏斗模型分析是用户在使用产品过程中，描述各个阶段中关键环节的用户转化和流失率情况。比如在日常活动运营中，通过确定各个环节的流失率，分析用户怎么流失、为什么流失、在哪里流失。找到需要改进的环节，要重点关注，并采取有效的措施来提升整体转化率
行为路径分析	行为路径分析就是分析用户在产品使用过程中的访问路径。通过对行为路径的数据分析，可以发现用户最常用的功能和使用路径。同时从页面的多维度分析，追踪用户转化路径，提升产品用户体验
福格模型分析	福格行为模型是用来研究用户行为原因的分析模型。福格行为模型用公式来简化就是 B=MAT，其中，B 代表行为，M 代表动机，A 代表能力，T 代表触发。他认为要让一个行为发生，必须同时具备三个元素：动机、能力和触发器。因此，可以借助福格行为模型来评估产品的合理性和能否达到预期目标

　　用户行为分析模型是一个完整的行为模型，可以对产品的功能进行验证；也是一个闭环的分析体系，可以对数据的结果进行分析。总而言之，用户的核心是洞察心理，行为的本质是挖掘需求，分析的目的是增长业务。

案例　**易触达与网易严选从用户行为研究出发，推动产品传播**

　　2019 年 6 月 14 日，网易严选以搞笑视频形式推荐 4 款单品。易触达以官博原发视频微博为原点，进行大范围转发扩散。图 1-11 所示为网易严选微博截图。

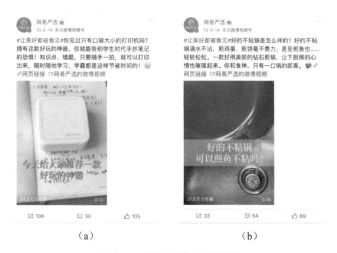

（a）　　　　　　　　　　　（b）

图 1-11　网易严选微博截图

易触达与网易严选的产品传播规划分为4个部分：资源配置、内容引导、发布时间和话题炒热。

1. 资源配置

从用户对于短视频的观看行为习惯出发，根据产品属性来匹配合适的视频风格，设计传播资源。

（1）产品属性：家居、生活、时尚类。

（2）视频风格：幽默、高效、情感类。

图1-12所示为网易严选家居产品视频截图。

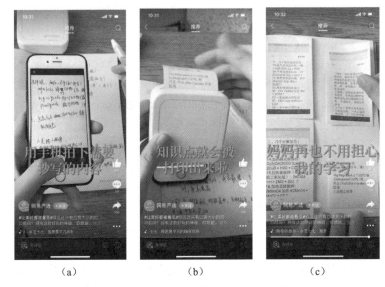

（a）　　　　　　　　（b）　　　　　　　　（c）

图1-12　网易严选家居产品视频截图

2. 内容引导

每则视频都匹配不同的传播文案，打造千人千面的效果，保障传播内容的丰富性。同时，添加了对应的电商链接，促进销售导流转化。图1-13所示为网易严选带有网页链接的微博内容。

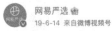

图1-13　网易严选带有网页链接的微博内容

3. 发布时间

结合目标用户使用微博的行为习惯，配合微博用户活跃时段进行，于6月14日

18:00 以后陆续发布相关内容。

4. 话题炒热

配合官博话题＃让美好都被看见＃在微博进行推广，持续烘托话题热度，沉淀更多优质内容。图 1-14 所示为＃让美好都被看见＃微博话题。

图 1-14　＃让美好都被看见＃微博话题

1.2.2　用户心理研究内容

产品的开发是为人服务的，因此产品的优化也是与用户分不开的。只有充分地了解用户的需求和心理，才能有的放矢地去寻找产品所存在的问题，然后进行相应的改进。

首先，让我们了解心理学的哪些内容和用户行为、用户体验相关，又有哪些理论可以被应用到产品设计中。

1. 认知心理学

认知心理学是 20 世纪 50 年代中期在西方兴起的一种心理学思潮，是作为人类行为基础的心理机制，其核心是输入和输出之间发生的内部心理过程。它与西方传统哲学也有一定联系，其主要特点是强调认知的作用，认为认知是决定人类行为的主要因素。它研究人的高级心理过程，主要是认知过程，如注意、知觉、表象、记忆、思维和语言等，这些内容在用户心理研究以及相关的用户体验问题处理中随处可见。在设计心理学奠基人唐纳德·诺曼的《设计心理学》里应用到了很多认知心理学的概念。图 1-15 所示为唐纳德·诺曼和《设计心理学》。

（a）　　　　　　　　　　（b）

图 1-15　唐纳德·诺曼和《设计心理学》

（1）可供性

可供性（affordance）的概念最初由吉布森提出，之后唐纳德·诺曼将其引入设计领域。最简单的例子就是椅子的形状提供了"坐"的可供性。而根据经验还有其他可供性，例如，红灯停绿灯行。用户体验中最经典的例子就是按钮的设计，即便是虚拟的按钮也由于突出的形态让人们有点击的冲动。

（2）心理模型

心理模型（mental model）指用户的一种心理状态。例如，在一个温度调节器里，一般用户的心理模型是上面的按钮代表升温，下面的按钮代表降温。如果设计是反过来的，就会成为一个失败的设计。相信很多人在浴室里面也经历过类似的痛苦。

（3）注意与视觉

设计和视觉息息相关，那么和视觉有关的一系列原则也是用户体验中必不可少的。例如，基本的格式塔原理是设计必不可少的指导原则。

在用户体验中很多视觉的研究方法，例如，眼动研究也被广泛应用在网页可用性测试中。当用户注视网页时，往往意味着网页的内容引起了人们的注意。如果结合生物信号的检测，更可以检测网页带来的情绪反应，从而判断设计的效果。

2.社会心理学

想要研究用户行为，特别是社会行为，社会心理学必不可少。

很多用户体验都和如何说服并改变用户的某种行为有关。例如，亚马逊购物网站的界面目的是让用户更多购买，而社会心理学的说服理论就在其中起到了重要的作用。

社会网络中，平时用得最多的社交媒体涉及的社会心理学就更多，因为这里面完全是关于人与人之间的关系和社会影响的问题。例如，人们如何才能在交友网站中得到更多人的关注。

动机社会心理学对于人类行为动机的研究由来已久。外部动机如金钱奖赏被广泛用于最基本的行为改变，内部动机如对事物的兴趣和使命感则被认为是持久改变行为的更好动机。在用户体验里较为经典的例子是在线社区对于用户贡献的激励机制：勋章等奖赏机制属于外部动机，而提高用户对社区的兴趣和主人翁意识则属于内部动机的角度，也会有更长远的效果。

心理学在用户体验里的应用不胜枚举，可以说用户体验的基本理论就是有各种心理学理论和研究作为基础搭建而成的。而涉及具体领域的用户体验更可以和更具体的心理学领域结合，例如，儿童和老年人的产品与发展心理学、商业类产品和组织管理心理学。

在学习用户心理研究内容前，首先要了解什么是心理现象。心理现象包括心理过程和心理人格两个部分，具体内容如图1-16所示。

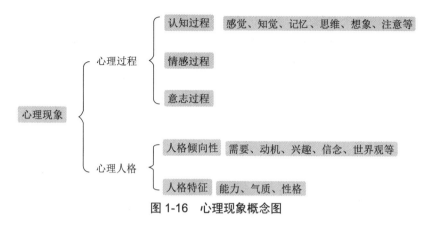

图 1-16　心理现象概念图

用户心理研究内容主要围绕用户的心理认知展开。心理认知是一门研究认知及行为背后心智处理（包括思维、决定、推理和一些动机和情感的程度）的心理科学。这门科学包括了广泛的研究领域，旨在研究记忆、注意、感知、知识表征、推理、创造力及问题解决的运作。

心理认知是建立在心理学的基础上的，是心理现象的一种表现。心理学是研究人的心理现象及其发生、发展规律的学科，兼有自然科学性质和社会科学性质的中间学科。认知是指个体通过感觉、视觉、听觉、知觉、记忆、思维、想象、注意等形式，把握客观事物的性质和规律的认识活动。

1. 感觉

人脑对直接作用于感觉器官的当前客观事物的个别属性的反映。人对客观事物的认识是从感觉开始的，它是最简单的认识形式。例如，当榴莲作用于我们的感觉器官时，我们通过视觉可以反映它的颜色；通过味觉可以反映它的酸甜味；通过嗅觉可以反映它的不同寻常的气味，同时，通过触觉可以反映它的粗糙的凸起。人类是通过对客观事物的各种感觉认识到事物的各种属性。

感觉是指人脑对直接作用于感官的客观事物个别属性的反映。主要表现在两个方面：首先，感觉是一种直接反映，它要求客观事物直接作用于人的感官。从空间上看，感觉所反映的事物，是人的感官直接触及的范围；从时间上看，感觉所反映的对象是此时此刻正作用于感官的事物，而不是过去或将来的事物。其次，感觉所反映的是客观事物的个别属性，且任何一种感觉都是脑对事物个别属性的反映。

2. 视觉

视觉是一个生理学词汇。光作用于视觉器官，使其感受细胞兴奋，其信息经视觉神经系统加工后便产生视觉。通过视觉，人和动物感知外界物体的大小、明暗、颜色、动静，获得对机体生存具有重要意义的各种信息，至少有80%的外界信息经视觉获得，视觉是人和动物最重要的感觉。

视觉是通过视觉系统的外感觉器官（眼）接受外界环境中一定频率范围内的电磁波刺激，经中枢有关部分进行编码加工和分析后获得的主观感觉。

人的眼可分为感光细胞（视杆细胞和视锥细胞）的视网膜和折光（角膜、房水、晶状体和玻璃体）系统两部分。其适宜刺激是频率为 300 ～ 750THz 的电磁波，即可见光部分，约 150 种颜色。该部分的光通过折光系统在视网膜上成像，经视神经传入大脑视觉中枢，就可以分辨所看到的物体的色泽和分辨其亮度。因而可以看清视觉范围内的发光或反光物体的轮廓、形状、大小、颜色、远近和表面细节等情况。

值得注意的是，相关的视觉欺骗试验提示，人所看到的内容和其本身想看到的内容有关。图 1-17 所示为三原色。

图 1-17　三原色

3. 听觉

听觉器官是在声波的作用下产生的对声音特性的感觉。其适宜刺激物是声波。声波是由物体的振动所激起的空气的周期性压缩和稀疏。听觉器官是耳。耳分为外耳、中耳和内耳三部分。

声波有频率、振幅和波形的特性，由此决定听觉的音高（音调）、音响（音强）和音色（音质）三种不同的效应。人类听觉的一个重要特点，是听觉阈限有一个很宽的动态范围。就声波的振动频率而言，人能听到的纯音为 16Hz ～ 20kHz。对声波振幅（音强）的感觉，最低可为 0dB，最高可达到 120dB。听觉阈限的个体差异较大，受年龄、环境等多种因素的影响。音乐听觉比较灵敏的人，能在钢琴的两个相邻键之间分辨出 20 ～ 30 个中间音。人和动物根据物体的声音及其变化，可以辨别发声物体的性质及其方向和距离等。图 1-18 所示为听觉的概念图。

图 1-18　听觉的概念图

4. 知觉

知觉是直接作用于感觉器官的事物的整体在脑中的反映，是人对感觉信息的组织和解释的过程。例如，看到一枝花朵，听到一首儿歌，闻到清香，尝到美食等，这些都是由大脑所传达的知觉现象。

知觉是一系列组织并解释外界客体和事件的产生的感觉信息的加工过程。知觉和感觉一样，都是刺激物直接作用于感觉器官而产生的，都是人们对现实的感性反映形式。离开了刺激物对感觉器官的直接作用，既不能产生感觉，也不能产生知觉。知觉有这样几个特性：整体性、恒常性、意义性、选择性。

通过感觉，我们只知道事物的个别属性，通过知觉，我们才对事物有一个完整的映象，从而知道它的意义。

与感觉相比较，知觉又具有不同于感觉的特征：第一，知觉反映的是事物的意义，知觉的目的是解释作用于我们感官的事物是什么，尝试用词去标志它，因此知觉是一种对事物进行解释的过程。第二，知觉是对感觉属性的概括，是对不同感觉通道的信息进行综合加工的结果，所以知觉是一种概括的过程。第三，知觉包含有思维的因素。知觉要根据感觉信息和个体主观状态所提供的补充经验来共同决定反映的结果，因而知觉是人主动地对感觉信息进行加工、推论和理解的过程。可以说感觉是知觉的基础，知觉是感觉的深入。图 1-19 所示为知觉的漫画图片，表达了小朋友对于钟表时间的认知过程。

图 1-19　知觉的漫画图片

5. 记忆

记忆是人脑对经验过事物的识记、保持、再现或再认，它是进行思维、想象等高级心理活动的基础。人类记忆与大脑海马结构、大脑内部的化学成分变化有关。

记忆作为一种基本的心理过程，是和其他心理活动密切联系着的。记忆联结着人的心理活动，是人们学习、工作和生活的基本机能。把抽象无序转变成形象有序的过程就是记忆的关键。

关于记忆的研究属于心理学或脑部科学的范畴。现代人类对记忆的研究仍在继续，尽管当今的科学技术已经有了长足的发展。运用那些经过实践后能有效提高记忆力的方法、技巧，可以使之更好地服务于人类的工作、生活、学习。图 1-20 所示为艾宾浩斯记忆曲线。

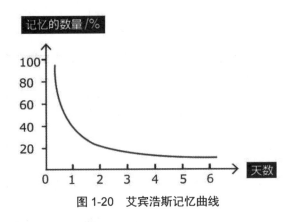

图 1-20　艾宾浩斯记忆曲线

6. 思维

思维最初是人脑借助于语言对事物的概括和间接的反应过程。思维以感知为基础又超越感知的界限。通常意义上的思维，涉及所有的认知或智力活动。它探索与发现事物的内部本质联系和规律性，是认识过程的高级阶段。

思维对事物的间接反映，是指它通过其他媒介作用认识客观事物，及借助于已有的知识和经验、已知的条件推测未知的事物。思维的概括性表现在它对一类事物非本质属性的摒弃和对其共同本质特征的反映。

随着研究的深入，人们发现，除了逻辑思维之外，还有形象思维、顿悟思维等思维形式的存在。逻辑思维也叫抽象思维，形象思维也叫具象思维，顿悟思维也叫灵感思维。图 1-21 所示为思维的概念图。

图 1-21　思维的概念图

7. 想象

想象是人在头脑里对已储存的表象进行加工改造形成新形象的心理过程。它是一种特殊的思维形式。想象与思维有着密切的联系，都属于高级的认知过程，它们都产生于问题的情景，由个体的需要所推动，并能预见未来。

想象是人在脑子中凭借记忆所提供的材料进行加工，从而产生新的形象的心理过程。也就是人们将过去经验中已形成的一些暂时联系进行新的结合。它是人类特有的对客观世界的一种反映形式。它能突破时间和空间的束缚，达到"思接千载"的境域。图 1-22 所示为极具想象力的插画作品。

图 1-22 极具想象力的插画作品

8. 注意

注意（attention）是心理活动对一定对象的指向和集中，是伴随着感知觉、记忆、思维、想象等心理过程的一种共同的心理特征。注意有两个基本特征：一是指向性，是指心理活动有选择地反映一些现象而离开其余对象；二是集中性，是指心理活动停留在被选择对象上的强度或紧张。指向性表现为对出现在同一时间的许多刺激的选择；集中性表现为对干扰刺激的抑制。它的产生及其范围和持续时间取决于外部刺激的特点和人的主观因素。

注意，通常是指选择性注意，即注意是有选择地加工某些刺激而忽视其他刺激的倾向。它是人的感觉（视觉、听觉、味觉等）和知觉（意识、思维等）同时对一定对象的选择指向和集中（对其他因素的排除）。人在注意着什么的时候，总是在感知着、记忆着、思考着、想象着或体验着什么。人在同一时间内不能感知很多对象，只能感知环境中的少数对象。而要获得对事物的清晰、深刻和完整的反映，就需要使心理活动有选择地指向有关的对象。图 1-23 所示为注意力的概念图。

图 1-23 注意力的概念图

总而言之，我们对用户心理的剖析和利用，是从侧面上分析和研究用户行为，然后通过预测用户行为来达到设计目的。

案例 从用户行为与用户心理出发，雀巢BEBA系列奶粉的传播之路

雀巢 BEBA 品牌结合 2019 年 4 月 2 日雀巢天猫海外旗舰店开业，围绕雀巢 BEBA 系列奶粉"德国""高端""海淘"等核心卖点，为天猫海外旗舰店上线活动造势宣传，传递 BEBA 品牌价值，并为电商导流。

雀巢 BEBA 品牌从品牌层面、用户层面和产品层面，进行了全方位的传播策略设计。

1. 品牌层面

从品牌层面，雀巢 BEBA 强化用户 / 顾客对于品牌的认知，完成占领教育市场的目的。

2. 用户层面

在用户层面，雀巢 BEBA 着重策划重点活动，占领消费者心智。例如，在全年重要节点进行促销；结合天猫新店开业的热度，制造话题并宣传造势。

3. 产品层面

就产品层面，雀巢 BEBA 整合了传播资源，对品牌进行宣传，并完成店铺引流。

在雀巢 BEBA 的品牌传播之路中，其传播亮点值得我们关注，即从用户行为和用户心理出发，精准锁定了目标受众。

主观上，通过数据分析及账号粉丝情况，精准锁定核心人群；客观上，通过前端人工对用户进行了多维度统计，同时又经过二次筛选，达到最大化精准投放目的。具体的用户统计内容如下：

（1）自主购买的女性消费者超过七成；

（2）"85 后""90 后"为主要消费人群，"95 后"快速崛起；

（3）年消费超千元的消费者占比 12%，贡献了过半数的市场份额；

（4）年消费额超 3000 元的消费者人数同比增速近 50%，"90 后""95 后"增速最快；

（5）大促期间，"85 后""90 后"消费额占比相对较高，且"90 后"人均囤货件数最多；

（6）"80 前""80 后"消费力相对更高，高档商品消费额占比高于其他代表人群；

（7）"90 后""95 后"渐成天猫国际主力军，且在中高档品牌上的消费占比大幅提升。

🖊 **课堂讨论**：查阅相关资料，思考用户行为研究内容和用户心理研究内容有没有重合的研究内容？

1.3 用户行为研究与用户心理研究的方法

不论是用户行为研究还是用户心理研究，它们的分析方法都是可以通用的，均属于用户研究方法的范畴之内。用户研究的常用方法有：情境调查、用户访谈、问卷调查、A/B 测试和可用性测试等。

1.3.1　情境调查法

使用情境，或者说使用场景是什么？它是指产品被使用的环境，包括用户、任务、设备（硬件 / 软件 / 物品）、日常生活的社交环境。

为什么"提升产品的可用性"需要深入理解使用情境呢？因为如果不理解使用情境，就无法做到：像你的用户一样看待事情；知道你的用户所知道的事；想用户之所想；像你的用户一样工作。

情境调研包含 4 个要素。

1. 情境

去用户的家里或者工作环境，理解用户行为的场景。独自观察或者在使用情境之外做访谈，这些方式都是不足的。

2. 合作关系

采用一种师徒关系模式，把用户看作专家。这样可以阻止参与访谈的用户把你看作专家或访问者，也意味着你可以搜集到更多真实的信息。

3. 解读

和参与者讨论你观察到的信息，以证实你的猜想和结论是正确的。

4. 关注点

在情境调研之前，与产品、开发团队就调研的议题达成一致。带着这些议题去观察，可以避免走偏。

1.3.2　用户访谈法

访谈法（interview）又称晤谈法，是指通过访员和受访人面对面地交谈来了解受访人的心理和行为的心理学基础研究方法。

因研究问题的性质、目的或对象的不同，访谈法具有不同的形式。根据访谈进程的标准化程度，可将它分为结构型访谈和非结构型访谈。访谈法运用面广，能够简单而迅速地收集多方面的工作分析资料，因而深受人们的青睐。

访谈法不仅可以收集到需求和广度信息，更重要的是它可以针对某个问题进行深层次的追问而获得层次的需求；可以了解用户有关我们所关系产品（或者界面）的行为、动机、态度和个性等方面的消息；是需要技巧和特别注意的。

访谈法的实施大致分为 5 个步骤。

1. 设计访谈提纲

在访谈之前都需要设计一个访谈提纲，明确访谈的目的和所要获取的信息，设计编制问题过程中一定要清楚明确、不含糊；文字表述要适合用户的文化程度和知识经验水平；每个具体问题聚集于一个单一变量或问题；提问的措辞不能流露出自己的偏见，要持中立的态度完成问卷的编制。

2. 恰当的提问

表述上要求简单、清楚、明了、准确，并尽可能地适合用户，问题类型上可以有所区别，比如开放性与封闭性、具体型与抽象型、清晰型与含糊型等。

最后适时、适度追问也相当重要。

3. 准确捕捉信息

在访谈的过程中要准确捕捉信息，及时收集有关资料。

简单来说就是善于倾听，倾听可以在不同层面进行：态度上，访谈者应该是"积极关注的听"；认知层面上，将用户所说的话或信息迅速地纳入自己的认知结构中加以理解和同化，必要时还要与对方进行对话，共同建构新的认识和意义。

倾听遵循两个特别的原则：不要轻易地打断对方和容忍沉默。

4. 适当做出回应

访谈不只是提问和倾听，还需要将自己的态度、意向和想法及时地传递给对方。例如，"对""是吗""很好"等言语行为，也可以是点头、微笑等非言语行为。还可以是重复、重组和总结等。

5. 及时做好记录

提供访谈法的实施效度可以采取录音和录像的形式，但是在访谈的过程中，最好要快速地记下关键词，便于后面快速输出访谈总结。

1.3.3　问卷调查法

问卷调查法也称问卷法，是调查者运用统一设计的问卷向被选取的调查对象了解情况或征询意见的调查方法。

问卷调查是以书面提出问题的方式搜集资料的一种研究方法。研究者将所要研究的问题编制成问题表格，以邮寄方式、当面作答或者追踪访问方式填答，从而了解被试对某一现象或问题的看法和意见，所以又称问题表格法。问卷法的运用，关键在于编制问卷，选择被试和结果分析。

调查问卷中，问题的种类、结构和设计原则如下。

1. 问题的种类

问卷中要询问的问题，大体上可分为 4 类。

（1）背景性问题，主要是被调查者个人的基本情况。

（2）客观性问题，是指已经发生和正在发生的各种事实和行为。

（3）主观性问题，是指人们的思想、感情、态度、愿望等一切主观世界状况方面的问题。

（4）检验性问题，为检验回答是否真实、准确而设计的问题。

2. 问题的结构

问题的结构按问题的具体内容，分为 3 种形式。

（1）按问题的性质或类别排列，而不要把性质或类别的问题混杂在一起。

（2）按问题的复杂程度或困难程度排列。

（3）按问题的时间顺序排列。

3. 问题的设计原则

要提高问卷回复率、有效率和回答质量，设计问题应遵循以下 4 个原则。

（1）客观性原则，即设计的问题必须符合客观实际情况。

（2）必要性原则，即必须围绕调查课题和研究假设设计最必要的问题。

（3）可能性原则，即必须符合被调查者回答问题的能力。凡是超越被调查者理解能力、记忆能力、计算能力、回答能力的问题，都不应该提出。

（4）自愿性原则，即必须考虑被调查者是否自愿真实回答问题。凡被调查者不可能自愿真实回答的问题，都不应该正面提出。

1.3.4 A/B 测试法

A/B 测试是一种新兴的网页优化方法，可以用于增加转化率、注册率等网页指标。A/B 测试本质上是个分离式组间实验，以前进行 A/B 测试的技术成本和资源成本相对较高，但现在一系列专业的可视化实验工具的出现，A/B 测试已越来越成为网站优化常用的方法。

A/B 测试其实是一种"先验"的实验体系，属于预测型结论，与"后验"的归纳性结论差别巨大。A/B 测试的目的在于通过科学的实验设计、采样样本代表性、流量分割与小流量测试等方式来获得具有代表性的实验结论，并确信该结论在推广到全部流量可信。

A/B 测试的测试范围不仅仅局限于网页优化。比如移动端的 A/B 测试需要同时支持前端（Web/H5、iOS、Android）及后端（Node.js、PHP、Java），相对于 Web 端的 A/B 测试，移动端的技术难度与复杂度都要高得多。

表 1-6 所示为 A/B 测试的内容及具体内容举例。

表 1-6　A/B 测试的内容及具体内容举例

测 试 元 素	具体内容举例
标题	长标题还是短标题 疑问句还是陈述句 正式语气还是非正式语气 强调卖点 A 还是卖点 B
图片	大图片还是小图片 照片还是绘图 客户还是产品
布局	单列销售信函布局还是多列布局 3 页的形式还是 1 页的紧凑形式
销售切入点	质量还是便利 功能还是服务 赚钱还是省钱

测 试 元 素	具体内容举例
转换激励	强调免费送货还是退货自由 列出所有的激励措施还是什么都不列 电话订购转换还是在线表格转换

用一个电商 App 的场景作为例子。电商 App 集成了我们的 SDK 之后，就可以在 A/B 测试控制台创建很多测试版本，每个测试版本可以尝试使用不同的界面设计和文案内容。客户可以在控制台管理不同测试版本的试验运行状态、流量分配以及查看详细的数据报告，并选择发布效果更好的测试版本。

同样这个例子来说，假如这个电商 App 有 50 万在线用户，通过控制台可以控制这些用户看到不同的测试版本。假如其中 25 万用户看到 A 版本，产生了 5 万单购买；另外 25 万用户看到 B 版本，产生了 10 万单购买。这个试验数据说明 B 版本产生的转化率更高，可以通过控制台将这个版本推广到所有 50 万用户。

其中最重要的就是产品优势，科技在 A/B 测试引擎的流量分割方面下了很多功夫，可以尽量保证试验用户流量的代表性和试验数据的准确性，同时支持试验流量动态控制、多变量组合试验、大量并行试验、针对特定人群的定向试验等。

1.3.5　可用性测试法

可用性测试的概念是让一群具有代表性的用户对产品进行典型操作，同时观察员和开发人员在一旁观察、聆听、做记录。该产品可能是一个网站、软件，或者其他任何产品，它可能尚未成型。测试可以是早期的纸上原型测试，也可以是后期成品的测试。

所谓可用性测试，即是对软件"可用性"进行评估，检验其是否达到可用性标准。目前的可用性评估方法超过 20 种，按照参与可用性评估的人员划分，可以分为专家评估和用户评估；按照评估所处于的软件开发阶段，可以将可用性评估划分为形成性评估和总结性评估。形成性评估是指在软件开发或改进过程中，请用户对产品或原型进行测试，通过测试后收集的数据来改进产品或设计，直至达到所要求的可用性目标。可用性测试的目标是发现尽可能多的可用性问题，通过修复可用性问题实现软件可用性的提高，总结性评估的目的是横向评估多个版本或者多个产品，输出评估数据进行对比。网站可用性测试包含的步骤有：定义明确的目标和目的、安装测试环境、选择合适的受众、进行测试和报告结果。

可用性测试研究方法在使用时应注意以下事项。

1. 测试的是产品，而不是使用者

对一些用户而言，"测试"有负面的含义。我们要努力确保他们不认为测试是针对他们。我们要让他们明白，他们正在帮助我们测试原型或网站。事实上，我们可以不使用"测试"这个术语。相反，我们是邀请参加者为我们提供帮助，"勇于尝试原型"。当用户难以完成任务时，我们应该改变网站，而不是改变用户。同时我们还应该思考该网站能在多大程度上符合那些典型用户的目标，而不是关注用户这个任务做得多好。

2. 更多地依靠用户的表现，而不是用户的偏好

通过测试我们可以测量到用户的表现，以及用户的偏好。用户的表现包括是否成功完成、所用时间、产生的错误等。偏好包括用户自我报告的满意度和舒适度。一些设计人员认为，如果他们的设计能迎合用户的喜好，用户在该网站上就会有良好的表现。但证据并不支持这一点。事实上，用户的表现以及他们对产品的偏好并非一一对应。研究发现，约有 70% 的用户同意表现和喜好有联系。也就是说，他们在喜爱的网站上表现良好，在不喜欢的网站上表现欠佳。 然而，还有相对比较大比例的人（30%）认为，用户的表现以及他们对产品的偏好并非一一对应。他们在不喜爱的网站上可能表现良好，在喜欢的网站上也可能表现不佳。关于人们为什么会对自己表现欠佳的网站给出较高的评价有多种解释。他们可能会把表现不佳归结到自己，而不是网站。或者说，他们可能担心给一个较低的评价会伤害网站设计者，也就是设计者的感情。或者说，他们可能并没有完成任务，却自认为成功完成了，他们并没有意识到问题所在。基于所有这些理由，建议更多地依靠用户的表现，而不是他们的偏好。

3. 把掌握的测试结果应用起来

可用性测试不仅仅是用于核对项目进度的一个里程碑，要知道，当最后一个参与者完成任务的时候，可用性测试还没有结束。整个团队必须仔细研究结果，设定优先次序，基于结果对或者网站原型进行修改。

4. 基于用户体验，找出问题的最佳解决方法

制造任何产品，包括大部分网站和软件，需要考虑许多不同用户的工作方式、体验、问题以及需要。大多数项目，包括设计或修改网站，都要处理时间、预算和资源等方面的限制。平衡各个方面对大部分项目来说都是一个重大的挑战。在权衡利弊时，最好优先开发那些能使最多用户完成任务的网站或软件。有研究表明，产品推出后，用于支持失败客户的花费远远高于开发时对产品修正所付出的花费。需要认真考虑假定用户、使用场景以及可用性测试的结果，试图找出针对不同客户需求的理想解决方法。找不到最好的解决方法，用户就不能够顺畅地完成任务。有证据表明，即使用户延长使用时间在一个不太完美的产品界面完成任务，也远不及在一个更好的产品界面带来的成功感。

1.4　用户行为与用户心理研究的实践应用

用户行为与用户心理研究在各个领域都有广泛的应用，例如，不同年龄用户的购买心理特征各有不同，因此可以针对不同的用户群体设计不同的产品或营销策略；怎样使产品体验符合用户心理及行为规律；等等。

1.4.1　不同年龄用户的心理特征及应对策略

在此，我们对青年用户、中年用户和老年用户的特征进行分析，并提出相应的产品设计或营销推广策略。

1. 青年用户的心理特征

青年用户的心理特征大致可以概括为 4 点。

（1）对消费时尚比较敏感，追求时髦，新颖。

（2）购买具有明显的冲动性。

（3）购买动机易受外部因素影响。

（4）喜欢尝试新事物，喜欢使用新产品。

对策：针对青年人求新求美的特点，尽量突出产品的外观和功能的独特之处。

2. 中年用户的心理特征

中年用户的心理特征大致可以概括为两点。

（1）多属理智型购买，比较盲目自信。

（2）喜欢购买被证明使用价值的新产品。

对策：用"一分价钱一分货"的道理来说服用户，不用着急，尽量将产品的特点说透。

3. 老年用户的心理特征

老年用户的心理特征大致可以概括为 4 点。

（1）喜欢购买用惯的东西，对新产品持怀疑态度。

（2）购买心理稳定，不易受广告影响。

（3）对促销员的反应态度敏感。

（4）希望购买舒适方便的产品。

对策：尽量用展示效果来打动用户，因为用户的社会阅历较多，比较相信眼见为实。

1.4.2　怎样使产品体验符合用户心理及行为规律

有一句话说得好："要制作一把椅子，我们首先需要了解清楚人们是怎样坐着的。"因此，要设计产品，我们首先需要了解用户的意识与想法。因为对用户心理与行为规律的充分了解可以帮助我们打造更好的产品体验，获取用户的好感，从而吸引用户反复访问和使用产品，提升相关转化率。

那么怎样才能更有效地了解用户的心理呢？大致可以从以下 5 个方面入手，尝试"抓住用户"。

1. 情绪记忆

回忆自己曾经闻到最好闻的味道——正是情绪记忆让你在很久之后仍然能够记得当时的香气。类似地，如果你经历过某种生死攸关的状况，那么也正是情绪记忆让你能够身临其境一般地回想起当时的种种情景。人类很容易记住那些与情感密切相关的事物，或是那些让我们某方面情绪得到加剧的事情。

因此，我们可以在产品与用户之间建立情感的关联与纽带，让用户记住产品，记住那些带来愉悦感受的美好体验，并乐于将这份体验分享推荐给其他人。在这一点上，我们可以使用两个关键的设计方法：控制用户的注意力焦点和为产品赋予人格。

2. 深度与广度处理

对于一些相对复杂的任务流程，用户所表现出来的行为能力会受到当时心智状态的影响。如果产品使用户产生了困惑与受挫的感觉，他们就会进入"深度优先"的处理模式。在焦虑或紧张的状态下，一个人能够聚焦注意力的范围是很狭小的，用户总会在各种可能的解决方案当中选择最显著的那个，意图尽快减小负面效应发生的可能。如果我们能够使用户进入积极正面的状态，他们就能更轻松地完成操作任务，并享受整个过程。

让用户得到愉悦，为用户创造积极正面的体验经历，这会使用户进入良好的心智状态；在这种状态下，用户甚至会忽略掉一些可用性方面的磕磕绊绊。即使在面对问题的时候，用户也会更加倾向于努力解决，而不是立刻放弃产品，转投他处。

3. 分解流程

有些产品流程冗长而复杂，需要用户花不少时间来完成。这种情况下，可以试着将整个任务分解为若干步骤，同时在每一步中给用户即时的反馈，让他们了解到距离全部流程的完成还有多远。

分解不仅可以提升任务的完成率，相比于冗长的大流程来说，还可以促使用户提交更多的数据内容，而同时我们也可以有机会在分解出的子任务中融入更多的乐趣。

4. 选择的悖论

当面临过多的选择时，我们会担心自己做出错误的决定。有时我们会过于担心得不到好的结果，以至于认为很多不为自己所熟悉的选项注定不会带来好结果，进而忽略掉他们。假设一个场景：当你进入一家餐厅，菜单是厚厚的一本书，你翻看了将近 10 分钟都没有看完，最后你还是选择了那些几乎每次都会点到的东西。

对于产品来说，在任何一个特定的环节里，我们都要仔细考虑提供给用户的选择数量。很多情况下，较少的选择意味着用户可以更加轻松地做出决定，完成当前的目标任务。移除了不必要的选择，也就减少了用户犯错的机会，同时降低了产品的复杂度，最终使用户可以更加轻松愉悦地完成目标任务。

5. 互惠定律

如果有人给予我们帮助，通常情况下我们会觉得有必要找机会报答他。这种行为愿望是人类天性与社交礼节等方面因素的综合产物。

我们可以将这里的帮助替换为徽章、成就等奖励机制，并运用到产品中。在适当的地方将这些小回馈提供给用户，让他们感受到额外收益，从而提升他们的参与度与活跃度。

值得注意的是，这些设计原则并不是要为产品增加各种华而不实的装饰，我们的最终目标永远都是充分了解用户的目标及行为规律，从而让他们在产品中得到更好的体验，这也是通往长久成功的关键。

课堂讨论：选择一个行业领域，思考研究用户行为与用户心理对于该行业有哪些用处？

1.5　本章小结

本章首先对用户行为与用户心理的基本概念进行了阐述，进而对用户行为与用户心理的研究内容进行了梳理，结合前两节的内容，进一步分析了用户行为与用户心理研究的方法，包括情境调查、用户访谈、问卷调查、A/B 测试和可用性测试 5 种。最后，结合所学知识，列举了用户行为与用户心理研究的实践应用，帮助读者理解所学的理论知识。

第2章 网络用户的特点

随着社会的发展和互联网技术的普及，为用户营造了新的媒介环境，在新的媒介环境塑造下，用户较之于传统用户呈现出许多新的特征。营销者往往会发现，按照传统营销策略应对新的消费者往往起不到良好的效果，很多在之前被奉为圭臬的营销手段放在当下失去了效力。面对新的媒介环境，我们必须要对用户的心理和行为展开深入的分析，洞察媒介环境变化给消费者行为带来的影响，对传统的营销策略展开相应的改变，以满足网络环境下消费者的新需求。

那么我们应该从哪几个方面对网络用户进行分析呢？首先我们对网络用户的特征进行一下描述，其次在此基础上对网络用户展开分类，针对不同类别的用户挖掘其不同的诉求，以此为基础对网络用户的消费心理和行为展开进一步的探索。

2.1 网络用户的特征描述

截至 2020 年 12 月，我国网络用户规模达 9.89 亿。作为一个庞大且不断增长的群体，网络用户呈现出以下几个特征：数字化生存、表演化生存、节点化生存和并发性生存。

1. 数字化生存

在网络时代，数据成为个体的映射，移动终端刺激了个体数据的生成，数据记录了人们的活动，数字化已然成为网民的主要特征。个体数据主要分为被动产生、主动产生以及介于主动与被动之间的数据内容，被动产生的数据往往出现在用户进入各种网络社区时需要注册的信息，主动数据包括网络用户使用的微信、微博、QQ、论坛和贴吧等平台中创造出的内容，这三种形式的数据都是对于网络用户的描述与记录。图 2-1 所示为某平台账号注册。

2. 表演化生存

面对虚拟的互联网，网络用户可以对自己的身份进行重新设定，这种设定具有多重性和自由性，用户可以根据不同的环境自由切换自我身份。表演化生存是指人们在一定动机的促使下，在虚拟社区上进行表演，通常角色获得、表演和转换相对自由。新时代的人们网络社交表演化越发明显。

图 2-1   某平台账号注册

3. 节点化生存

互联网将用户、内容、服务等连接起来，编织成一张看不见，摸不着的巨大"网"。互联网用户在这张网中便充当着节点。随着网络应用模式特别是社会化媒体应用的发展，互联网中用户构成的"关系网络"的意义不断增强，网民个体作为节点的存在日益凸显。早期的网络社区有一个明显的边界，外人很难融入一个母话题之中，想要加入某个社区获话题必须满足相应的条件，用户身上也会被贴上对应的标签。大多数用户加入的目的是获得社会满足感，而一个用户要在这样的社区里获得自己的需求满足是一件困难复杂的事情，需要花费较高的交流成本。这也使多数交流处于混沌状态，交流的效率也不高。因此，当前的网络社交呈现出链条状态。图 2-2 所示为"链"式社交网。"链"式社交网的优势就在于打破了以往的圈内交流的壁垒，很大程度上节省了用户互相了解的时间，节约了沟通的时间成本。

图 2-2   "链"式社交网

4. 并发性生存

互联网使一心二用成为可能，人们可以同时扮演多种角色，与此同时造成的是注意力难以集中，记忆力衰退。尤其是移动终端可以极大地激发人们的潜力，看似增加了工作效率，实则造成人们碎片化的阅读习惯，而难以集中去做一件事。图 2-3 所示为网民被网络所分心漫画。

图 2-3 网民被网络所分心漫画

🔖 **课堂讨论：** 当前的网络用户还有哪些特点？

2.2 网络用户的分类描述

网络用户这一称呼在最早大众社会理论的语境中，代表的是多、杂、散、匿的网络受众。早期的用户是无秩序的、被动的，用户一直是作为信息接受者的称呼，被沿用至今。随着网络的发展，网络媒介为受众赋权，在受众观的变迁中，逐渐变为有更大能动性、选择性和创造性的"用户"，逐渐消解了原有的被动性意涵。当前的网络用户从不同平台参与到网络活动之中，他们从内容形式，传播手段都提出了自己的新要求。图 2-4 所示为网络用户不同需求。

图 2-4 网络用户不同需求

2.2.1 短视频用户分类

就当前短视频用户的性别来看，男性用户略多于女性用户，但总体呈现出平均状态。当前短视频的主要用户年龄段从青年到中年都有数量庞大的群体，如果从用户使用的主要内容来看，可以将短视频用户分为以下几类。

1. 游戏类

这类短视频用户作为某款游戏的忠实粉丝，希望可以通过短视频用较少的时间获取游戏攻略或内容介绍。视频博主往往通过趣味的解说以及自己对于游戏道具的实用性和各种角色的玩法进行科普，内容具有较高的领域垂直度，较为容易引起短视频用户的兴趣。甚至有些用户并非这款游戏的玩家，但是仍会被幽默的内容或是有明星嘉宾参与的游戏短视频所吸引。图 2-5 所示为游戏短视频。

2. 颜值类

这类短视频制作者"吸粉"能力极强，能在短时间内获得庞大的粉丝群体，并且常常可以作为热门出现在用户的话题之中。

3. 才艺类

才艺类的短视频主要包括唱歌、跳舞、乐器演奏等才艺，通过才艺获取短视频用户的关注。

4. 教学科普类

此类短视频用户希望通过视频学习到某种技能或是提高自己的技能，较为常见的有厨艺教学、科学知识普及、考试培训等。图 2-6 所示为某主播的厨艺教学。

图 2-5　游戏短视频

图 2-6　某主播的厨艺教学

如果从用户的使用目的来看，可以将短视频用户分为以下几类。

1. 消磨时间

娱乐需要是每个人所必需的生活调味剂，每个人都需要看电视、玩游戏，给忙碌的生活一些慰藉。因此，碎片化的短视频成了人们的新宠，人们可以用移动设备不受地点、时间的限制，遨游在绚丽多彩的"真实"世界，甚至这样的短视频已经不再是消磨时间的作用，它在不断侵蚀着人们正常的生活时间。根据算法推算的短视频更符合受众的口味，消磨时光的用户，逐渐成为软件平台的依赖者。那么抖音如何能拥有如此大的魅力，吸引着网络用户沉迷其中，这离不开它独特的算法。

（1）用户基础属性

所谓基础属性就是用户的性别、地区、年龄甚至是同样一座城市用户具体归属于哪一个区。根据这些用户的基础属性可以进行相应的推送，如根据你所在的城市推送你所在城市的内容，根据你的年龄推送适合这一年龄段喜欢观看的内容，根据你的性别来选择推送男主人公视频还是女主人公视频，根据你是否结婚来决定是否推送婚后生活内容。而用户的这些基础数据在用户捆绑微信、QQ、电话号码注册的时候已经成为平台可用数据。

（2）观看兴趣画像

观看兴趣画像的算法包含多个方面，最为主要的是记录用户的浏览偏好，将用户在每一条视频停留的时间、点赞、评论等互动反映记录下来，为用户推送相关的视频。例如，当你连续观看完几条汽车视频，你会发现接下来你刷到汽车相关的内容的概率会大大提升。除了记录受众的浏览偏好以外，还记录你钟爱的品牌、城市、爱好等方面来进行推送。图 2-7 所示为抖音受欢迎账号类型。

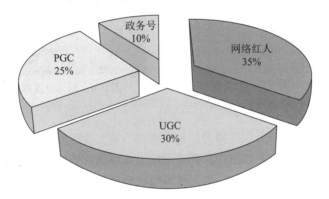

图 2-7　抖音受欢迎账号类型

（3）环境终端画像

环境终端画像包括网络（移动网络或 Wi-Fi）、运营商、手机品牌以及手机的新旧程度。例如，用户使用的是某品牌高端手机，那么抖音将会视用户为高收入人群，用户收到的推送内容会是一些奢侈品、昂贵的水果、进口汽车等。

（4）互动行为画像

互动行为画像主要包括两个方面：一是线上互动，二是线下互动。手机定位功能早已成为手机必备的功能，在它的辅助之下监测出用户的行动轨迹已并非难事。根据用户的行动轨迹，可以适时地推送相应的内容。

（5）品牌人群画像

品牌商根据自身的定位、特色以及消费人群有针对性地进行推送，使得商家的商品直达潜在消费群体。

2. 信息获取

相比于传统的新闻报道方式来说，短视频更加的灵活生动，配合画面和声音，能让人一下就抓住新闻的核心与关键，比单纯的文字来得有趣，无须自己去想象那个画面感，仿佛在看一个故事、一部短片。加上现在几乎所有的新闻资讯频道全都开通了抖音账号，如人民日报、新华社等。抖音平台的新闻内容已经不仅仅是民间新闻，同时也包含着国家大事。图 2-8 所示为央视新闻抖音账号，图 2-9 所示为新华社直播间。

图 2-8　央视新闻抖音账号

图 2-9　新华社直播间

3. 经济功能

短视频的巨大影响力和传播力，自然会成为各大商品竞相展示的舞台，不论科普介绍，还是进行故事化的创作，都能不同于传统的广告模式，使得网络用户接受起来相比于硬广告更容易一些。越来越多的视频制作者开始使用植入广告的形式将流量变现，另外一些制作则是将科普的内容作为流量的来源，但最终都是给广大消费者一个指向性的建议。不论是哪一类，都是在帮助受众认识商品、鉴别商品，指导受众的消费。因此，无论是从短视频的用户来看，还是从视频制作者来看，短视频都有着指导人们消费的经济功能。

以抖音为例，其主要的变现方式主要有以下 4 种。

（1）直播变现。这类主播主要依靠才艺、颜值或独特的魅力，吸引用户打赏，主播再与平台分红，最终变现。

（2）直播带货。不同于直播变现，此类主播依靠自身的名气或是较低的价格吸引用户在直播间消费，主播从中赚取利润。

（3）线下引流。主要的引流对象有旅游景点、酒店、餐厅等消费场所，通过视频的介绍吸引网络用户前往消费。

（4）插入广告。不同于电视间隙时间播放的硬广告，抖音广告植入更像是电视剧中的插入广告，通过妙趣横生的剧情自然巧妙地将广告产品引出，推广给抖音用户。

2.2.2　不同平台短视频用户的差异

短视频作为重要的媒介传播工具，它可以给用户带来知识和娱乐，让受众走进短视频时代。当前较为主流的短视频手机应用包括抖音、快手、火山小视频、西瓜视频、美拍、小咖秀等。图 2-10 所示为部分短视频平台。

图 2-10　部分短视频平台

五花八门的短视频平台已经形成了自己独特的文化和气质，这些平台靠着自己独特的气质吸引着不同爱好的受众。以西瓜视频、火山小视频和抖音为例，虽然三家平台都由字节跳动孵化，但是各自都朝着不同的方向发展，具体区别如下。

1. 时间长度不同

西瓜视频是中视频，视频内容时长一般是几分钟，内容较为完整，故事性强；抖音短视频初期是 60 秒以内，现在虽然已经可以做长视频，但是仍以短视频为主；火山小视频呈现时间则更短一些，有些内容和抖音出现重叠。

2. 用户群体不同

抖音用户年龄跨度较窄，大部分用户都是较为年轻，主要群体是 20 ～ 35 岁，而火山小视频和西瓜视频的受众年龄段则相对较大一些。图 2-11 所示为西瓜视频的主要受众群。

图 2-11　西瓜视频的主要受众群

3. 内容生产不同

抖音相比于其他两个平台，内容质量更高，时尚感更强，所以更吸引年轻人。

抖音展示的生活空间更多是一、二线城市的生活；而西瓜视频、火山小视频则更接地气一些，视频制作有时不那么精美，但却十分亲民。

2.2.3 直播用户分类

我国的网络直播始于 2005 年，9158 率先开创了直播聊天服务，这也是当下直播的最初样态。随后 YY、六房间等平台的涌出，正式打开了中国的直播市场。图 2-12 所示为多人聊天室 9158 图标。

图 2-12　多人聊天室 9158 图标

网络直播是一种基于互联网的多媒体娱乐互动形式，直播内容更是从吃饭、唱歌、聊天、游戏、搞怪再到今日火热的直播带货，直播涉及广大网民生活的方方面面。图 2-13 所示为某直播平台的直播内容分类导航界面。

（a）　　　　　　　　　　　（b）

图 2-13　某直播平台的直播内容分类导航界面

1. 按照直播对象的范围划分

网络直播按照直播对象的范围可以划分为公开直播和付费直播。

（1）公开直播

公开直播所面对的对象是开放的，没有特定的人群，有些直播甚至可以吸引青年群体到老年群体多个不同年龄段的观众。公开直播也是网络直播最为主要的形式，如直播带货、游戏直播、明星直播等。

（2）付费直播

付费直播则是设置一定的门槛，针对特定的人群设置的直播，此类直播仅仅对满足条件的对象开放，往往采用付费参与的形式，较为常见的是一些技能类培训直播。图 2-14 所示为某机构直播培训课。

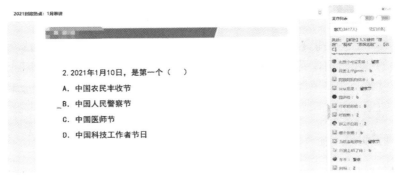

图 2-14　某机构直播培训课

2. 按照传播内容划分

除了将网络直播按照直播对象的范围来划分以外，还可以将网络直播按照传播内容进一步细分，大体可以分为以下 3 类。

（1）社交类直播

社交类直播是为了满足受众网络社交需求而产生的一种网络直播形式，主要依靠主播与受众之间的弹幕互动以及连线等形式完成。这类主播通常是通过才艺展示、出众的外形或是猎奇的话题吸引广大受众，受众可以通过此类直播实现自己的交友需求。

（2）商业类直播

这类直播以刺激消费者实现消费为目的，主要包括直播带货、企业直播、金融直播等。直播带货的门类包括美妆、食品、水果、服装、电器等多种门类，而且逐渐辐射到百姓生活的方方面面，可以满足广大受众的多方面需求。这类主播有单独专长某一门类的，也有涉猎多种门类的商品。他们大多依靠自身的明星效应或是较低的价格吸引粉丝在直播间中消费。

（3）内容类直播

内容类直播是指主播通过内容生产吸引用户对其内容进行消费的直播形式，这种类型的直播包含多种内容，主要有游戏直播、技能培训直播、新闻直播、评论直播、赛事直播等。

3. 按照用户需求以及使用目的划分

根据用户需求以及使用目的，可以将当下直播平台分为以下 3 类。

（1）娱乐直播平台

这类直播平台主要包括 YY、一直播、花椒、映客等平台，它们的直播内容主要以娱乐内容为主，辅以游戏等直播类目。在这些平台中以 YY 日均活跃人数最多，占整个市场份额的四成以上。

（2）游戏直播平台

游戏直播平台在 2016 年经历了爆发式增长。时至今日，仅有虎牙、斗鱼"双雄"争霸。同娱乐直播平台一样，单独的类型平台已经难以适应市场上网络用户复杂的需求。因此，直播平台逐渐衍生出"游戏＋泛娱乐化"的模式，游戏直播吸引的受众也不再单单是游戏的忠实粉丝。

（3）次直播平台

次直播平台主要指的是早期的短视频平台转型后的融合体。它们依靠短视频培养了用户的使用习惯，又逐渐在直播业务上打开了市场，包括抖音、快手、火山视频等。这些平台靠着短视频内容吸引受众，优秀的短视频内容又可以成功将受众引流入自己的直播间，形成"短视频＋直播"的模式。

课堂讨论： 你为哪些直播内容付费过？有什么样的感受？

2.3　网络用户的诉求

早期的网络用户诉求受当时硬件技术的限制，其诉求相对单一，当时的人们主要是为了获取信息。早期的互联网更像是一个更加便捷获取信息的平台，而其他的功能则微乎其微。而随着网络技术的发展，网络用户的诉求变得更为多样。总体来看，当下网络用户的诉求有如下几类。

1. 网络用户的诉求分类

（1）游戏类用户

游戏需求占据了斗鱼、虎牙等当前国内主要直播平台，并且会随着游戏的更迭开设新的游戏版块或是关闭游戏版块。用户的游戏需求不仅是为了提升自我游戏水平，通过直播甚至可以达到交友的目的。网络游戏也不再仅是一种娱乐休闲的道具，它逐渐成为网络用户的虚拟生存空间。游戏玩家沉浸在虚拟世界的快感之中，网络游戏成为他们慰藉现实生活的一种方式。图 2-15 所示为网络用户沉浸在网游之中。

据调查显示，在所有游戏用户中，有近 3 成的玩家有观看网络直播的习惯。他们主要通过点赞、打赏、收藏、分享到其他社交平台的形式参与其中。

（2）购物类用户

直播带货是以巨大的优惠和强大的互动来

图 2-15　网络用户沉浸在网游之中

取胜，通过主播的筛选与推荐也可以省去用户挑选商品的时间与精力，用户可以在短时间内挑选到合适的商品。图 2-16 所示为某主播直播带货。

图 2-16　某主播直播带货

（3）社交类用户

网络为人们提供了便利的沟通方式，互联网经历了从信息资源整合到用户资源的整合，用户成为互联网最为宝贵的资源。此时的人们通过互联网追求更为便捷的沟通，线上的交流沟通甚至超过了人们正常的生活社交，网络很大程度上影响了传统家庭的话语方式。网络交流更是无国界，打破了空间、时间的限制。图 2-17 所示为看不见摸不着的网络。

图 2-17　看不见摸不着的网络

（4）办公类用户

互联网改变了人们传统的工作方式，尤其在疫情侵扰下，无接触的"云"办公更是将互联网的办公功能发挥到极致。在 5G 技术以及移动互联网的推动下，移动办公打破了设备、地域和时间的限制，使得办公不再被拘泥于办公室，未来企业移动办公带来的新型会议模式、项目管理模式、数字化员工管理模式将成为企业刚需，而 SaaS（软件即服务）类协同软件将受到更多企业用户的追捧。APICloud（国内较早布局低代码开发的平台之一）"云定制"模式，基于企业数字化需求，标准化的流程与技术规范，使企业能够更好地管理各类应用以及场景化需求，避免了信息孤岛的出现，大幅提高了企业的办公效率。图 2-18 所示为"云"办公。

图 2-18 "云"办公

据调查显示，中国目前日均上网最多的用户是"90后"，但网络用户的群体不再仅仅是青年一代，网络用户向着年轻化和老年化方向不断发展，越来越多的不同年龄段的人成为网络用户。从年龄区间来看网络用户的话，不同年龄段的网络用户诉求呈现出不同特征。

2. 不同年龄段的网络用户诉求

（1）10 ～ 18 岁

这一区间的网络用户就是现如今人们口中的"00后"，这一代的青年人充分享受着我国经济高速的发展以及人均 GDP 和家庭可支配收入的提高所带来的福利，他们的生活水平较上一代而言有了较大的提高。他们是互联网的原住民，从出生便接触着各种网络设备，网络对他们而言不再是晦涩难懂的东西，他们天然习惯各种网络设备的使用。图 2-19 所示为青少年网课学习，图 2-20 所示为青少年学习计算机。

图 2-19 青少年网课学习　　　　图 2-20 青少年学习计算机

"00后"对于应用 App 黏性低，这一年龄段的网络用户诉求主要是娱乐需要、学习需要，他们对于网络的使用受到父母的管教与限制。"00后"在心理上自信，也渴望得到他人的认可，他们会积极地投入兴趣爱好中，发展不同的社交圈，因此他们的网络诉求和习惯也与上一代人有了很大不同。

"00后"的网络需求主要是社交层面，这里的社交包含两个方面：一是游戏社交，二是辅助社交。游戏社交是指青年人将游戏视为社交话题，通过游戏打开自己的社交网。他们偏爱战略类游戏和即时类游戏，如英雄联盟、和平精英等无须培养游戏角色账号的游戏。辅助社交则是指用户使用网络的主要目的是辅助社交可以顺利进行。因此，"00 后"普遍钟爱于各类美颜相机，他们都希望将自己最好的一面，甚至是想象中的自己展现给他人。

（2）婚恋期

当下，婚恋期的受众主要是 20 世纪 80 年代至 90 年代出生的人口，他们承受着巨大的社会压力，因此往往缺乏安全感。处于这一阶段的网络用户对于社交、医疗健康的应用更为青睐。承受着巨大生活压力的他们，正是线上疾病诊断和医疗 App 的主要用户之一。除此之外，这一阶段的网络用户正是经历了日漫蓬勃发展的一代，他们对于漫画、动画片保持着极高的热度，对于推送的经典漫画、动画片保有较高的兴趣。

（3）孕育期

孕育期的网络用户依然是 20 世纪 80 年代至 90 年代出生的人口，孕育期的网络用户对医疗和母婴知识类保有更高的兴趣。网络改变了传统家庭社交方式的同时也在悄然改变着准妈妈、准爸爸们的育儿观念，他们尝试打破传统的育儿观念，喜欢在网络中检索、观看育儿类视频。图 2-21 所示为某育儿网站。

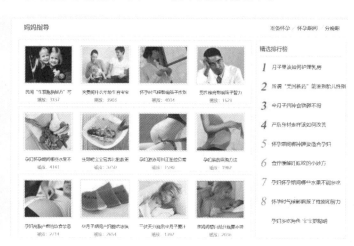

图 2-21　某育儿网站

（4）35 ～ 45 岁

35 ～ 45 岁的中年网络用户是社会的中坚力量，他们掌握着社会绝大部分资源，往往家庭稳定、收入可观，因此有了更为自由的时间。他们较为感兴趣的话题是车、房、儿女教育、养生保健、金融等方面的话题。他们渴望能通过网络学习到教育子女或是自我教育的方式，以期可以提升整个家庭的质量。同时，他们也关心汽车、房子等和自身生活息息相关的内容，他们需要从各类平台中获取相关的信息。

（5）50 岁及以上

中老年网络用户对于网络这个新鲜事物也逐渐接受了起来，中老年网络用户数量占网络用户的总数的比例正逐年上升。中老年网络用户群体主要诉求是消磨时光、交流沟通以及咨询获取。对于中老年用户群体来说，社交网络是他们与同辈群体交流以及代际交流的重要方式。图 2-22 所示为中老年网络用户。

图 2-22　中老年网络用户

2.4　网络消费者的行为特征

网络购物早已算不上什么热点名词，网络购物随着快递业务的成熟已经成为每个人都密不可分的东西。网络消费与传统的购物模式不同，网络消费不仅仅只是基于生产商品与买卖商品，更多的在于对消费心理的把握，消费者依然占据了交易过程的主导地位。在这庞大的网络用户群体中，他们有什么特点呢？这些网络用户作为消费者时又有哪些特点呢？

2.4.1　网络用户的总体特征

当前的网络用户不同于以往的年轻、高学历限制，随着智能设备的普及，网络用户群体越发庞大且门槛极低。因此，当前网络用户呈现出以下特征。

1. 追求个性

互联网将不同学历、不同年龄段、不同区域的受众汇聚在一起，他们无论是文化水平还是生活习惯都有很大的不同。不同的思想在互联网中相互碰撞使得用户自我意识不断觉醒，受众渴望在网络中寻找自我价值和定位。所以他们的具体要求越来越独特，变化越来越多样，个性也越发凸显。

2. 追求新鲜

网络消费者爱好广泛，无论是对新闻、游戏、购物，甚至是中老年养生都充满着好奇。

3. 追求自我

网络消费者更加注重自我，而不是那种大众化就能打发了的人。今天的他们都各自有一些独特的、不同于他人的喜好。他们之间可能有同样的兴趣，也许被归为同类，但是他们的具体要求将越来越独特、越来越变化多端，决不能像过去那样对他们一概而论。今天的商家要帮助个人满足其独特的需求，而不是按一个大众的标准来寻找大批的消费者。他们不仅能够做出选择，而且还渴望去做出选择，他们不惧怕向商家提出挑战，这在过去是不可能的。

2.4.2　网络消费者的行为特征

目前网络消费者呈现出一些不同于现实消费者的新的行为特征，主要表现在以下几个方面。

1. 网络消费者普遍存在求廉心理

消费者之所以选择在网络上购物，其中一大原因是同样的商品在网上购买可能比在实体店购买更加便宜。这种求廉心理使得消费者十分在意网上购物的价格。虽然网络购物有其优势，但是不可避免地也存在劣势，而且这种劣势很难通过其他途径弥补，那就是网络购物不可触摸，只能够通过图片和视频等形式，而且主要是通过图片展示的形式展现商品的细节，然而无论怎么展示，消费者都不能和实体店一样通过肉眼直接观看，或者用手触摸，试穿、试用等来获得更真实更直观的体验。正是因为这种劣势的存在，消费者可能看到图片上展示的商品很好，但是收到货品却发现不是自己想象中的样子，可能会出现色差或者是质地和自己想的不一样等情况。因此，消费者对于网上购买的产品质量的追求倒是其次，但是价格定不能比实体店里面还贵，消费者认为网络销售没有实体店的场地费、柜台出租费以及人工费用等，理应比实体店便宜。

2. 网络消费者要求更为便利的物流

一般而言，消费者选择网络购物除了网上的产品价格可能比实体店便宜之外，还有一个重要的原因就是网络购物的便捷性。消费者可以随时随地 24 小时的任何时段进行购物，而传统的去实体店购物的方式就显得十分费时费力，消费者必须在有空闲时间的情况才能去实体店，但是实体店或者专柜一般都有自己的营业时间，一般过了晚上十点基本上就会关门打烊，而有些上班族下班很晚，可能晚上十点多才有空闲的时间。这段晚上的空闲时间也变成了消费者网购的高峰时期，消费者在这个时间段不仅可以进行购物，还能够咨询客服，或者希望商家可以尽快发货等。随着智能手机的普及，消费者还希望网上购物的网站可以提供给大家便利的App，只需通过手机等移动设备，即可随时完成浏览、购买商品的操作。除此之外，随着 AR 技术的发展，许多购物平台推出了虚拟试穿的功能，这又进一步提升了消费者购物的便捷性。图 2-23 所示为某平台虚拟试穿功能。

图 2-23　某平台虚拟试穿功能

3. 网络消费者追求个性化消费

因为实体店受场地，以及消费群体的经济条件和品位的限制，很多商品往往在某些地区是买不到的，一些商品也仅仅在大城市开设专卖店，到达不了小城市。还有一些商品仅仅是独家的个性化设计，也不会将店铺开遍全国。但是网络的好处就是打破了地域的限制，让消费者可以很便捷地买到全国各地的商品，甚至是国外的商品。这样一来，消费者由原来只能在当地进行有限的选择，变成了现在可以通过网络进行个性化购买，消费者可以在成千上万的产品中选择符合自己审美需求的商品，也可以通过一些设计师的网店等进行独家定制，从而实现了"想买什么就买什么"这样的一种随心所欲的购买方式。例如，原来消费者购买服装，只能去超市、购物中心这样的地方到专柜试穿购买，这样会造成两个问题：一是消费者想买的品牌，符合自己审美需求的品牌买不到；二是消费者可能觉得专柜自己看好的商品价位太高，消费不起。那么消费者可以通过网络购买自己喜欢的品牌，或者选择和专柜相似的但是价位却不那么高的款式，还有些消费者要求较高，可以寻找设计师为自己量身打造。这对于一些体型偏胖不好买衣服的消费者来说是一个很好的解决办法。图 2-24 所示为某平台大码男装。

图 2-24　某平台大码男装

4. 网络消费者要求更好的售后服务保障

网络消费不像在实体店消费，首先，网络消费可能存在冲动购买的行为，消费者看到打折优惠，看到便宜就想买。其次，消费者还可能会受制于产品图片宣传的导向，收到货后发现自己想买的商品和实际收到的商品有很大的差距。最后，消费者主要因为自己的精力有限没时间去实体店购买所以才选择网上购买。有些商品可能有刚性需求，希望尽快能够收到货，所以消费者期望卖家能够尽快发货，而且希望商家选择比较快速的物流，能够快速地将商品送到顾客手中。但是当顾客收到货后，可能会存在商品和自己期望的不符、商品出现质量问题、商品在物流运输过程中出现破损等问题，那么消费者就会选择退货，如果没有完善的售后服务体系，消费者出现的退货难题，就会给网上购物造成障碍，所以，现在很多网上销售商都会给消费者包邮、七天无理由退货等服务。

5. 网络消费者的消费主动性增强

在社会化分工日益细化和专业化的趋势下，选择的便利使得消费者对于消费风险的感知越发强烈。在许多大额或高档的消费中，消费者往往会主动通过各种可能的渠道获取与商品有关的信息并进行分析和比较。或许这种分析、比较不是很充分和合理，但消费者能从中得到心理的平衡以减轻风险感或减少购买后产生的后悔感，增加对产品的信任程度和心理上的满足感。消费主动性的增强来源于现代社会不确定性的增加和人类需求心理稳定与平衡的欲望。

案例　某品牌汽车如何抓住年轻网络消费者的行为特征

当今科学技术日新月异，数字化、智能化、信息化的时代已经来临，对于汽车行业而言，结合科技如何使汽车从简单的交通工具转变为人类智慧的伙伴，使汽车变得更加智能安全，从而体现出科技下的人文关怀是整个汽车行业面临的难题。

某汽车品牌旗下定位高端产品 U 系列汽车在 2020 年夏上市，该系列汽车在上市之初以充满未来感的设计和强劲的动力受到了 18～26 岁的 Z 时代的年轻消费者的欢迎。当前的消费市场呈现年轻化的趋势，而 18～26 岁的年轻群体逐渐成为消费的主力军，抓住 Z 时代年轻消费者的心可以说是赢得了未来的消费市场。

该品牌下的 U 系列汽车采用无边界设计、智能座舱等为消费者描摹出未来汽车的样子，这种无边界的设计也进一步强化了汽车外形方面带来的动感视觉冲击力。同时，车的分体式 LED 前大灯与格栅的个性设计使该款汽车显得科技感爆棚又不失精致。该款汽车抓住了年轻消费群体追求个性的心理，可根据客户的不同需求推出官方改装的方案，为年轻消费者提供时尚改装配置款的车型选择。除了外形体现出科技元素，该款汽车的许多中控功能（如上车刷脸功能）提供了更多智能化的体验。

该款汽车还在动力方面进行了升级，以满足 Z 时代消费者用户追求的骑车驾乘的操控感。该款汽车运用了电磁控制式涡轮增压技术，可降低油门响应的延迟，使动力更为强劲，带来强烈的推背感。

该品牌专注产品自身的提升之外，也采取了新型的营销方式，赢得了年轻消费者的关注。在线上，该品牌通过某 App 平台开设了 9 个专属社区，车主可在 App 上找到志同道合的圈子和车友。在线下，该品牌为用户提供了改装、品质音乐、艺术设计等体验活动，涵盖了生活与娱乐的各个方面。通过线上、线下联动的方式为消费者提供了优质的交流互动的渠道和环境，增强了年轻消费者与品牌的黏合力。图 2-25 所示为某品牌汽车。

图 2-25　某品牌汽车

课堂讨论：思考你的日常消费行为受到哪些消费习俗的影响？

2.5 影响网络消费者行为与心理的因素

影响网络消费者的行为和心理是多种因素共同作用的结果，主要有文化因素、社会因素、个人因素、心理因素等。文化因素包括不同文化背景、不同种族、不同国家地区所形成的价值观、信仰、道德、理想、风俗习惯等。社会因素主要包括家庭、朋友、宗教、社会身份地位和相关群体等。个人因素主要包括个人的年龄、性别、受教育程度、职业、经济收入、生活方式、性格、自我观念等。心理因素主要包括动机、知觉、学习、信仰和态度等。

2.5.1 影响网络消费者行为及心理的主要因素

从消费需求角度来看，价格并非决定消费者购买意愿的唯一因素，网络消费者既是对网络生产内容的消费，也包含对通过网络提供的商品的消费。从狭义的网络消费者来看，影响其购买意愿的因素主要有以下几点。

1. 商品价格

价格始终是影响消费者消费行为及消费心理的核心因素。当商品的价格降幅超过消费者对此商品的认知后，消费者的购买意愿会大大提升，消费者因此而心动改变既定的消费原则是必然的，这也是为何当网络消费者在看到折扣力度较大的直播带货商品后经常会做出不理性的消费行为的原因。图 2-26 所示为某直播间商品折扣。

(a)

(b)

图 2-26 某直播间商品折扣

一般来说，商品的需求量与自身价格呈反向变动。即价格上升，需求量减少；价格下降，需求量增多。图 2-27 所示为价格与需求关系曲线图。

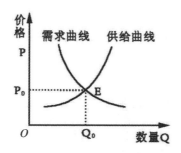

图 2-27　价格与需求关系曲线图

2. 时间成本

随着生活节奏不断加快，消费者能够投入的购物时间不断缩减，消费者的购物时间也与传统的线下商店营业时间有所区别。因此，一方面，网络消费是节约了购物者的消费时间成本，消费者可以直接检索商品，带货主播也可以在短时间内介绍产品优势，省去了消费者了解产品、对比产品的过程；另一方面，线上直播打破了购物时间的桎梏，可以 24 小时源源不断地为消费者提供商品。

3. 商品类型

当前的网络消费者尤其是高阶层职业青年重视商品的时尚感与差异性，他们渴望也有经济基础能够购买有格调的商品。同时，网络商店可以紧跟潮流，追踪当前消费者的需求趋势，提供给网络消费者更为新颖的服装、家具。

4. 商品范围

在互联网时代，铺天盖地的广告无孔不入地影响着消费者的消费行为，消费者有了更大挑选商品的范围，消费者不仅可以比较国内商品，也可以和国际商品比较。

📌 **课堂讨论**：还有哪些因素影响了网络购物者的消费行为与心理？

2.5.2　网络消费者的购买动机

动机是指人产生某种行为的内在原因。消费动机是消费者需要的具体表现，当消费者的消费需要达到一定强度时，消费需要就会变成消费动机。网络消费者的购买动机可以分为以下几类。

1. 理智型购买

这类消费者对某款商品的购买是经过深思熟虑，也就是"货比三家"，消费者经过多次比较，最终选择合适的商品。

（1）实事求是的购买动机

这类消费者以追求商品的实际使用价值为主要目的的购买动机，他们不被商品的广告符号所影响，具有这种动机的消费者，多属于中低档商品和大众商品的购买者。例如，洗衣粉和洗衣液同样可以起到清洁衣物的功能，实事求是型消费者往往会选择洗衣液。

（2）追求廉价的购买动机

这类消费者在商品降价时，其购买欲望会明显增强，消费者追求的是更为物美价廉的商品。例如，购物网站会在特定的节假日开展降价促销活动，以此吸引网络购物者。图 2-28 所示为某购物网站的促销活动。

图 2-28　某购物网站的促销活动

（3）提升品质的购买动机

网络消费在为快节奏下的消费者提供了便利的同时，也有效地提升了消费者的审美趣味和对高品质商品的欲望。这类消费者购买能力强，希望可以购买到符合自我身份的高质量商品。

（4）重视安全的购买动机

这种消费动机主要出现在食品消费上，当前的消费者更为重视食品安全问题，相比于价格低廉但却缺乏保障的食品，消费者更愿意购买价格略高但却安全的食品。许多电商也抓住了消费者这种消费心理，无论是在直播带货的过程中或是在网店销售的商品，都会强调自己的食品安全问题，以期可以和顾客达成共鸣，激发消费者的购买。图 2-29 所示为某网店食品安全合格证书。

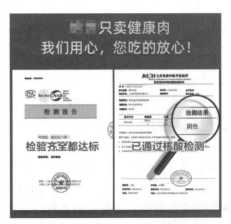

图 2-29　某网店食品安全合格证书

2. 感情型购买

一般来说，感情型购买是消费者由于情绪或情感的变动产生的购买动机，往往受消费者喜、怒、哀、乐等情绪的影响。感情型购买动机一般具有不确定性，属于一种非理性的消费形式。

（1）求新购买动机

当前的大多数产品迭代十分迅速，许多品牌商利用自己的客户黏性不断加快产品的更新速度。以当前的手机为例，大多数手机厂商会一年进行一次新品发布会，许多消费者的电子产品仍在较好的使用状态，且新设备并未有质的提升，但是为了追求更新的产品，他们也会选择购买新款设备。图2-30所示为某品牌手机新品，图2-31所示为某品牌手机新品的性能提升展示。

图 2-30　某品牌手机新品　　图 2-31　某品牌手机新品的性能提升展示

（2）求名购买动机

此类购买动机主要是一些奢侈品而非生活必需品，网络消费者极易接触到此类商品的广告或是宣传推送，也就更容易被这类产品所影响，消费者希望通过这类商品来体现自身的地位与价值。

（3）求奇购买动机

这是以重视商品的与众不同之处为主要特征的购买动机。这种购买者对商品奇特的样式、别具一格的造型等特别感兴趣，也容易受刺激性强的促销措施的诱惑，触发冲动性购买。

3. 信任型购买

这是指消费者基于情感或是经验对某品牌的产品产生黏性，消费者会重复购买。目前，一些消费者也会因为信任某个人，如主播、网络红人等，前去某人的直播间购买。

🖈 **课堂讨论**：你网购时会考虑哪些因素？

案例 **网络盲目消费**

众所周知，盲目消费是一种不理性的消费行为，较多在攀比、炫耀、冲动、自我满足等心理作用下发生。盲目消费的现象不仅存在于年轻人之中，上了年纪的人也会存在盲目消费的现象。现在互联网便利发达催生出网络购物的热潮，人们越来越习惯于这种足不出户在手机或计算机等平台上下单购物的方式。电商公司也像生活中的实体百货公司，针对商品推出各种各样种类繁多的活动与促销，吸引消费者的购买。在纷繁复杂的促销活动与商品中，消费者难免会产生网络盲目消费。

如今，在网络直播间或某 App 上甚至在短视频平台，用户经常可以看到主播带货或推荐分享使用测评的文章。这些分享测评与带货直播可能会通过各种美化的角度或者夸大的宣传营造出商品美好的形象，使用户产生价值认同与情感认同，外加屏幕上不断重复的商品与折扣信息，最终用户被"说服"。这种盲目消费带有冲动消费的性质，人们受到商家的诱导，为了一时的满足感和新鲜感，购买超出预算的商品。

而另一种盲目消费是消费者在渴望购买实惠商品的目的下，通过电商购物节病毒式地投放优惠消息与折扣活动导致消费者大量购入囤积看似低价的商品，待到消费的狂热退去后，消费者会发现自己购买了大量没有用的东西或在有限的期限内无法使用完的东西。

同时，在当下网络信贷发达的环境下，各互联网公司推出了相应的可供消费者选择的透支消费的支付手段，没有了预算的限制，消费者在这样的消费环境中极易造成过度地透支消费，从而形成盲目消费与冲动消费后的恶性循环。图 2-32 所示为网络消费者盲目网购。

图 2-32　网络消费者盲目网购

2.6　本章小结

本章介绍了网络用户的特征及网络用户的分类，随着 4G 网络的发展，信息的传播突破文字和电话的限制，短视频作为近几年异军突起的黑马占据了网络用户的大量时间和精力，从而衍生出直播这种热门的信息传播方式，随之也带动了短视频与

直播卖货等的多种新型商业模式。针对这种情况，需要了解网络用户观看短视频及
直播的心里诉求与他们的行为分析，分析他们与现实生活中实体商业中消费者诉求
与行为不同的地方，更有针对性地进行网络短视频、直播营销的策划与实施。同时
也应注意到网络用户消费者与现实生活中消费者心理、行为以及动机的共同之处，
挖掘网络消费的增长点，合理诱导网络用户消费。

第3章 网络用户行为与心理分析

用户的心理决定了用户的行为以及动机，了解用户的行为和动机有利于我们进行广告创意、市场营销等策划活动。中国互联网络信息中心（CNNIC）发布的第48次《中国互联网络发展状况统计报告》中显示，截至2021年6月，我国的网民规模达到10.11亿人，较2020年12月增长2175万人，互联网的普及率达到71.6%。当前中国的网民中，短视频用户就达到了8.8亿人。短视频的风靡，也带动了互联网相关产业的发展，短视频广告推广、网络直播等通过流媒体视频销售商品的新购物消费方式成为当下人们最喜欢的购物方式之一。进一步加强对网络用户的行为及心理分析，显得尤为必要。

网络用户行为同样受到用户个人兴趣爱好、文化背景、经济能力等方面的影响，这些因素占据了影响网络用户行为的个人主观因素。网络社交平台像一个社区一样将用户聚集在一起，每个用户都是消息的发出者和接受者，因此每个用户都有其自身的影响力，一个消息可以掀起网络舆论的热潮。因此，从用户个人的行为与心理出发，我们需要了解网络用户之间的影响力以及分析网络用户影响力行为的方法。

互联网的发展日新月异，研究网络用户的行为可多结合实际案例与自身情况对理论知识进行学习，进一步加深对用户行为及心理方面知识的理解和感悟，结合相关的知识内容加强对实际应用的实践。

3.1 网络用户行为分析

随着互联网平台呈现日益多元化的趋势，可供用户选择使用的软件也越来越多样化，甚至已经发展到可以根据用户个人的兴趣爱好来选择使用心仪的软件。当下网络消费购物是网络用户关注且感兴趣的领域之一，其中各个平台显示出的交易数据中，进行网络消费购物的主力军是互联网的年轻用户。

2016年被称为我国的网络直播元年，当年网络直播作为新兴事物率先被年轻用户所接触并接受，到后来兴起的网络直播带货使网络用户在观看直播的同时下单消费，这种观看网络直播进行消费的方式带来了巨大的商机，网络直播销售与网络消费成了当下热门的消费营销方式。网络直播带货主播大V，更是通过直播带货获取了不错的收益。因此，研究网络用户的兴趣与行为并对其进行分析十分必要。

3.1.1　网络用户观看直播消费行为调查

经调查，网络用户中的年轻用户平日观看最多的直播平台为 YY（37.9%）、斗鱼直播（31.1%）、花椒直播（23.1%），而其中他们的观看诉求则多是以在斗鱼平台观看游戏直播为主，YY 平台上观看服务类直播以及其他的电商类平台直播。由此可见，在当下网络用户观看网络直播的内容最倾向于娱乐类的直播，而且从网络用户中年轻用户的消费种类来看，年轻用户的消费行为集中在游戏类直播（42.5%）、秀场类直播（39.6%）、体育直播（32.1%）和服务类直播（31.9%）这 4 类。从他们的消费方式来看，他们在直播平台上的消费主要是"给主播打榜"（58.5%）、"购买直播平台的会员增值服务"（34%）、"购买带货主播推荐的商品"（29.4%）。那么，我们需要思考的是，他们为什么会选择在直播平台而不是那些老牌的诸如淘宝、京东上消费？他们为什么会选择这样去消费？表 3-1 为我国网民网络活动各占的比例。

表 3-1　我国网民网络活动各占的比例

应　用	2020.12		2021.6		
	规模 / 万户	使用率 /%	规模 / 万户	使用率 /%	增长率 /%
即时通信	98111	99.2	98330	97.3	0.2
网络视频（含短视频）	92677	93.7	94384	93.4	1.8
短视频	87335	88.3	88775	87.8	1.6
网络支付	85434	86.4	87221	86.3	2.1
网络购物	78241	79.1	81206	80.3	3.8
搜索引擎	76977	77.8	79544	78.7	3.3
网络新闻	74274	75.1	75987	75.2	2.3
网络音乐	65825	66.6	68098	67.4	3.5
网络直播	61685	62.4	63769	63.1	3.4
网络游戏	51793	52.4	50925	50.4	-1.7
网上外卖	41883	42.3	46859	46.4	11.9
网络文学	46013	46.5	41627	45.6	0.2

案例　**斗鱼的业务流程**

斗鱼 TV 是一家弹幕式直播分享网站，为用户提供视频直播和赛事直播服务。斗鱼 TV 的前身为 ACFUN 生放送直播，于 2014 年 1 月 1 日起正式更名为斗鱼 TV。2013 年 1 月，A 站推出了名为"生放送"的直播板块，该板块最初以 LOL、DOTA 等热门游戏为主的直播和弹幕结合的方式受到了不少观众的喜爱。2014 年 1 月，这部分业务整合为斗鱼 TV，并正式从 ACFUN 独立出去，斗鱼 TV 成为以游戏直播为主，包含体育、综艺、娱乐等多种内容的网络直播平台。同时 2014 年电竞游戏赛事在国内的火爆对斗鱼的崛起也起到了一定推波助澜的作用，LOL S4 的奖金池超过213 万美元，全球超过 2700 万人收看了 LOL 世界赛，世界赛正式成为 2014 年最多人观看的电竞项目，可以说热门的网络游戏给整个电竞产业点了一把火。

斗鱼 TV 以游戏直播为主，涵盖了娱乐、综艺、体育、户外等多种直播内容。图 3-1 所示为斗鱼直播的主要内容。

图 3-1　斗鱼直播的主要内容

斗鱼的业务流程主要分为：产品参与和上下游分流、内容生产、内容消费、利益分成。

（1）产品参与和上下游分流：观众注册登录斗鱼，如果想要成为主播需要经过实名认证，审核通过后即可成为一名主播。

（2）内容生产：包括主播开播，开播过程由 CDN 厂商来提供视频流技术支持。直播平台斗鱼对视频直播内容进行分发，用户通过斗鱼进入直播间观看内容。对于一些头部内容、优质内容，斗鱼会购买内容的版权（如签约主播、赛事转播等）进行分发。

（3）内容消费：用户在直播间观看时对主播进行打赏等的方式产生消费，打赏的部分会转化为属于主播的虚拟货币。

（4）利益分成：斗鱼平台根据虚拟货币的数额与主播进行规定比例的分成，其他运营成本（平台外部）支付给提供技术支持的 CDN 厂商和内容版权的费用。图 3-2 所示为斗鱼的平台标志。

图 3-2　斗鱼的平台标志

3.1.2　网络用户直播消费行为发生的原因

网络直播平台充满着"魔力"，吸引着一大批忠实的用户为其消费大量时间。网络直播之所以有如此大的魅力，根本原因在于以下几点。

1. 直播内容使网络用户感兴趣是消费的前提

观众对某一类的直播感兴趣，最直接简单的原因就是这类直播满足了观众视听方面的需求，使观众实现生理及精神上的愉悦和满足。根据传播学理论，在信息的传播过程中，受众具有其主观能动性，观看直播的网络用户的主观感受及想法会对直播的内容产生影响，从而促使直播去迎合观众的口味。实际上，观众通过评论和弹幕直接影响到主播制作的视频内容，满足观众的需求和喜好。同样，进行直播活动的主播也会依照个人的判断和喜好，选择一定的内容进行直播，从而逐渐以直播的内容增强与观众用户的黏性，增加观众对主播和直播节目的依赖性，使观众成为该主播或该直播节目的粉丝。

例如，PDD 等游戏主播，其直播间拥有一定的人气和粉丝，主播经常会在直播活动中发起投票，使观众粉丝们投票选出最想看的游戏人物角色或游戏内容，之后再根据投票结果进行直播活动。图 3-3 所示为《英雄联盟》主播在直播游戏。

图 3-3　《英雄联盟》主播在直播游戏

2. 满足网络用户需求是促使用户消费的动力

经针对年轻用户有关"在观看直播时为什么要消费"这一问题进行调查，有50% 的受调查者认为"直播的内容符合当下我的需求"进而对主播进行打赏，有32.4% 的受调查者认为"主播的多才多艺十分打动人"，有35% 的人则抱有学习的心态，认为"直播的内容使我学到了很多东西"。经过分析可知，促使网络用户观看直播、消费的所有因素均为网络用户自身观看直播的特定诉求。

例如，当观众发现他们在观看直播的过程中希望能对主播产生影响，甚至使主播听命于观众，会采取"打榜"的消费方式引起主播的注意，可通过这种方式对主播提出要求，满足自己的存在感。而这种需求被满足过一次，用户会追求得到下一次的满足，从而使这种消费行为得到延续。面对这样的情况，为了防止恶意的利用，平台与主播也做出相应的疏导。图 3-4 所示为网络主播收到网友的打赏。

图 3-4 网络主播收到网友的打赏

课堂讨论： 平台和主播面对观众的需求，应如何结合观众兴趣制作有益于传播积极向上的直播内容？

3.1.3 直播消费群体画像

经调查研究，网络直播消费用户可分为以下三类，即积极反应型、广告沉寂型和中间犹豫型。

1. 积极反应型

积极反应型的网络直播消费用户能对主播放出的广告推荐做到积极地回应，这类用户占比高达50%，而根据用户的消费行为又可将用户分为理性反应和非理性反应两类。决定用户消费行为是否理性的差异关键在于用户是否在消费过程中存在一个信息复审的环节，简单来说就是用户在进行消费行为前是否对要购买的商品有一定的了解以及与其他同类型商品的对比。

有研究表明，理性消费的人群往往具有较高的学历，同时拥有中高收入水平。这类人面对主播的广告推荐，往往会运用个人对信息的处理方式对广告商品进行筛选。例如，他们会采取是否听说过该品牌该款产品、通过媒介搜索寻找口碑评价或咨询亲朋好友口碑等方式获得商品的信息，如果商品评价口碑及信息呈现积极，则会加深理性消费人群对该类商品的持续关注。又如，理性消费的人群大多对真人秀场类、游戏类、生活类直播关注度高，在观看直播节目时，主播的外表不是打动他们的关键，这类人群认为技能和才艺才是一个主播可以征服他人的标准。

而非理性反应消费的人群往往学历相对而言较低，为中收入水平。他们对于广告传播的消息较为信任，所以他们会略过"信息筛选"这一环节，直接进入对商品的购买消费行为。同时，非理性消费的人群最常收看体育类、教育类和新闻类的直播，对主播的颜值、外表和身材等都要求较高。图3-5所示为用户在对所购买商品进行比价。

图 3-5 用户在对所购买商品进行比价

2. 广告沉寂型

广告沉寂型网络用户约占调查研究的 15%，这一类用户大多为低收入人群，他们较多观看新闻类、综艺节目类的直播。虽然经济状况薄弱在一定程度上限制了这类人群的消费潜力和能力，但是这类用户崇尚知识修养与文化素质，他们展现出对知识类直播的巨大兴趣。因此针对这一类的网络用户，主播和内容生产者可运用知识付费类的直播节目挖掘这类用户的消费潜力。图 3-6 所示为某平台主播直播教学素描基础。

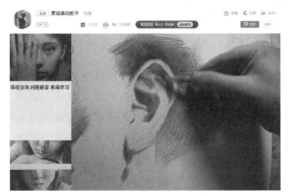

图 3-6 某平台主播直播教学素描基础

3. 中间犹豫型

中间犹豫型用户对广告的形式及广告内容的刺激反应均呈现出普通的状态，这类用户大多为中低收入者，他们较多关注综艺节目类的直播。经济基础限制了这类用户的消费潜力，针对这类用户，主播和内容生产者应设法改变广告的形式与内容，采取循循善诱的方式，同时应充分了解他们的心理特征，努力获取这类用户的信任，使他们向非理性反应类的人群转化。

综上所述，三类不同的用户画像反映出用户的不同需求以及他们的心理和经济实力，这有助于生产者和传播者对于广告的精准投放，使广告信息传播事半功倍。虽然诸多条件造就了三类用户的不同需求和喜好，但三类用户在一定条件下是可以相互转化的，这就需要内容生产者和主播对用户及市场进行广泛的调研和分析以获得更多广告变现的机会。

案例　**公益广告的持续影响**

　　近几年，我们在网络购买一些商品时发现收到的快递盒上印着走失拐卖儿童的照片及信息，这个举动看似微小，实际上通过这种方式已有走失了 32 年的孩子靠这个找到了曾经的家人。企业与公安部打拐办的联合行为彰显了企业热心公益的担当，快递盒上的照片也相当于一个个公益广告，牵动着每一个丢失孩子的家庭。图 3-7 所示为快递盒上的走失儿童照片及信息。

图 3-7　快递盒上的走失儿童照片及信息

　　广告的目的在于向众人广而告之某事物。经济类的广告是我们在日常生活中经常可以接触到的，以盈利为目的，向公众推销产品或服务，也就是我们常说的商业广告。经济类的广告以各种吸引人眼球的方式吸引消费者观看，将广告做得美轮美奂、赏心悦目，甚至有些极具艺术价值成为该品牌的符号，使消费者熟知并购买商品。非经济的广告指非营利性广告，也就是我们所说的公益广告，他们的广告主为政府、社会团体等，因制作资金有限在吸引人程度上较经济性广告逊色很多，那么公益广告又是如何持续长时间吸引观众呢？

　　首先，公益广告有着最直接和最现实的土壤——社会呼唤道德与人性。公益广告的内容精神深深根植于人们的内心，在经济社会发展快速的时代，对于美好道德人性的关注是共同的诉求，所以公益广告会受到人们的欢迎。其次，公益广告往往符合该地区人们的文化背景等习俗习惯，例如，我国的公益广告符合我国公民的价值观和审美，同样受到人们的喜爱。再次，公益广告运用典型事例、图像、文字、声音等引起公众的共鸣，从而使对社会的教化功能达到最大，潜移默化地影响着民众。例如，早年央视播放的公益广告中的广告语"父母是孩子最好的老师"成为一代人的回忆，该广告用一个十分朴素微小的故事真实展现了当时中国家庭的特征，一个简单的故事感动了万千的观众，受到广泛好评。图 3-8 所示为该央视公益广告。

图 3-8 央视公益广告

3.2 网络用户其他特殊需求

网络用户数量庞大且繁杂，虽然其依然摆脱不了消费者的总体特征，但是作为一种新的消费模式，他们的消费内容和消费时参与的要素更加复杂。因此，网络消费者的其他心理诉求也需要归纳整理。

1. 设计感

无论是购物网站的网页设计还是购物 App 的设计，其都代表着一个品牌的文化。而大多数购物者都认为，网站或 App 的视觉感受是其购物选择时的一个重要的参考因素并会直接影响他们的消费决策。而这些设计感包括多个方面，其中最主要的有品牌标志（Logo）、页面布局、颜色甚至是字体、字号等，这些都会成为用户对其网站是否属于高质量网站的评判标准。而在这些因素中，品牌标志的设计尤为重要。这是由于，信息在传播过程中最容易被受众所记忆和接纳的是图片信息，因此品牌的标志设计就尤为重要。以中国各大银行的标志为例，大多数标志本质上都是对于中国古钱币的变形而来。图 3-9 所示为中国各银行的标志。

图 3-9 中国各银行的标志

从图 3-10 中我们也可以看到，绝大部分的银行标志都是在"中国铜钱"这一符号上加入自己银行的特殊属性。如此设计的主要目的是由于"中国铜钱"这一符号在百姓的心目中的地位根深蒂固，看到了铜钱大家就可以联想到"金融""安全""交易"等词汇。

图 3-10　中国铜钱

在网络购物中，不同的名字或是符号也会给消费者不同的心理暗示，这些心理暗示会直接作用在消费者的消费行为上。以顺丰优选为例，顺丰优选是顺丰集团旗下，以"优选商品，服务到家"为宗旨，依托线上电商平台与线下社区门店，为用户提供日常所需的全球优质美食的一个平台。作为一家以食品为主营业务的平台，其整个标志设计时使用的颜色是以绿色为主，绿色在消费者食品消费的时候会给人"安全""放心"的暗示，整个标志又设计成太阳的形状，更是增添了"放心消费""食品安全""绿色健康"等暗示。除了轮廓的设计，标志中央的"SF"字样利用了顺丰在快递行业打下的"速度""安全"等品牌文化，增强了消费者在购物时的消费信心。图 3-11 所示为顺丰优选标志。

图 3-11　顺丰优选标志

除了标志的设计以外，网络消费者对于消费过程中另外一个重要的考量是页面的设计。他们往往要求页面设计简单明了，并且能有自己的品牌元素融入其中。当当网作为一家主营书籍业务的购物网站，其更为注重整个页面的文化元素。当当网会在特定的传统节日将页面设计成既有品牌文化又包含节日气息，以此增加消费者在节日时购买的可能，同时不断地提升品牌的设计也会使消费者产生自己是"有品位""有格调"等心理暗示，从而增加了对该购物网站的黏性。图 3-12 所示为当当网的网页设计。

图 3-12　当当网的网页设计

2. 服务感

据调查显示，当前年轻的网络消费者普遍认为服务感是决定他们是否在此平台消费的第一要素。也就是说，对消费者而言服务决定消费。消费者对于服务感的要求来自很多方面，最为重要的是消费者要求商家客服必须"秒回"，而每多等待"一秒"他们在这里购物的可能性就会少一分。虽然人工客服可以 24 小时"秒回"消费者，但是就有效的响应时间来看仍是在 5 分钟左右，而用户期待的回复时间是 1 分钟以内，这仍需提升效率来满足消费者的需求。

而对于服务的要求，也出现了两极分化。中年以上的人群更渴望直接得到人工回复，而青年人面对只能客服或是人工客服很大比例上持无所谓的态度。从线下转到线上的消费者更渴望面对他们的是有情感的服务，而非虽然解答清晰，回复速度快的冰冷机器。数据显示，在各个年龄段的网络用户中都有半数以上的消费者希望回答他们的是真人客服。

当前各个网购平台都引入智能客服功能，虽然其设置得越来越精妙可以全方位地解决大多数的需求，但是面对多样的消费者，智能客服显然是力不从心。当前受众对人工客服的主要需求也是多种多样，其中占最大比例的为客服能否解决问题。图 3-13 所示为消费者对客服服务时考虑的因素。

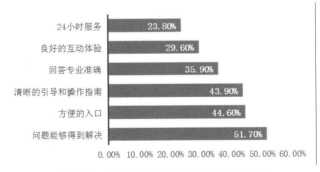

图 3-13　消费者对客服服务时考虑的因素

当前消费者所要的服务感是全方位的服务，要在售前、售后甚至是快递过程中都要周到且回答迅速。网络消费者对商品的购买欲望会随预计到达的时间变长而递减。因此，商家会尽力缩减其准备货物到发货的时间，以便商品可以更快到达用户手中。一些平台在全国各地建立存储仓库甚至可以半天到达。这使得网络消费者不再受送货时间的限制，可以足不出户购买任何商品。图 3-14 所示为某平台的当日达。

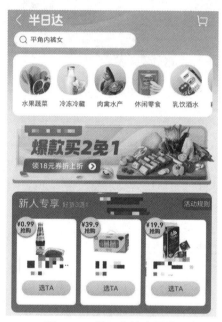

图 3-14　某平台的半日达

许多平台为了提高自己的服务质量采用了 DSR 的评分模型。DSR 包括相符度、服务态度以及发货速度，DSR 可以直观地被消费者所看到的，评分越高的店铺越被消费者所信任。图 3-15 所示为 DSR 评分标准。

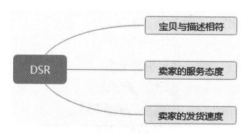

图 3-15　DSR 评分标准

抖音小店引入的是 DSR 和好评率的评分标准，系统每天会对商家的 DSR 和好评率进行审核，若 DSR<4.5 或是好评率 <80%，则平台会给商家进行警告，以此来增强商家的服务和产品质量。同时抖音小店还有 3 分钟回复率、接起率、平均排队时长等后台检查，以此来增加店铺的服务水平，极大提升了消费者的购物体验。图 3-16 所示为抖音小店 DSR 展示。

图 3-16　抖音小店 DSR 展示

3. 参与感

用户的参与感是指用户希望自己可以参与到品牌的生产销售直至塑造整个品牌文化的全过程。提升用户的参与感可以增强用户对于品牌的黏性。提升用户参与感的方式有多种。例如，较为常见的网页的评论反馈、新品发布邀请会等都是为了提升受众的参与感。从线上转变到线下的邀请往往会限制名额，因为人人都可以参与的话，并不会特别地受到关注或是追捧，但是具备稀缺性的东西往往会给用户带来刺激。

平台的邀请往往会塑造很强的仪式感。例如，制作精美的邀请函或是纪念品，且本身这些东西就具有稀缺性，更是极大满足了消费者的虚荣心，使得消费者认为自己被重视、被尊重。图 3-17 所示为某平台活动的邀请函。

图 3-17　某平台活动的邀请函

4. 获得感

网络消费者与游戏爱好者具有很大的重叠部分。所以，一些商家以"任务+奖励"的形式激励用户互动参与。当品牌产生营销诉求时，即可通过品牌官方微博发起时刻互动任务，用户通过完成任务解锁不同阶段的品牌奖励，而且用户也随即获得了心理满足与实体满足。这种满足感类似玩游戏冲关成功后获得的喜悦，消费者根据店铺的要求一环一环地完成相应的任务，最终解锁终极大奖，在获得奖品的同时会有冲关成功的成就感。

通过设置不同的任务模块，包括关注品牌账号、转评赞指定博文、发送带品牌指定话题的博文、参与品牌新品试用活动、分享时刻任务等，并通过品牌产品、代金券、周边产品等奖励激励用户参与。图3-18所示为某平台任务活动。

图 3-18　某平台任务活动

5. 仪式感

用户养成使用产品的习惯是一个复杂且漫长的过程。从心理学来讲，习惯是一种行为模式或情绪反馈经过重复而形成的适应。用户使用产品，而是否能成为一种消费习惯或使用习惯是消费者自主决定的结果。虽然一些用户经过对某一产品的使用后可能会对其满意并且养成使用习惯，但这需要较长的时间积累与培养。这就造成许多用户在未养成使用习惯之前便消解了对该产品的兴趣。面对消费者这样的消费心理，塑造仪式感无疑是快速培养用户习惯的一种有效方式。图3-19所示为用户习惯养成模型。

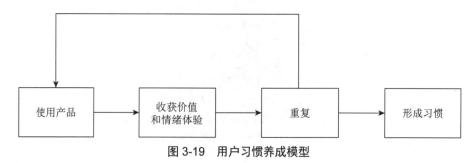

图 3-19　用户习惯养成模型

仪式，是一种固定的秩序模式。自古以来，仪式一直被看作重要的维护关系的手段。古代帝王通过祭祀、礼乐等活动来维护自己的统治，确保自己的身份地位。在现代社会仍有许多仪式被沿用或是创造出来。例如婚礼，这一活动的意义和目的就是为了使新婚二人接受自己的身份转变，仪式之后你不仅仅是儿子、女儿，你们二人同时组成了新的家庭，需要担负起新的责任。在网络消费中，仪式的价值就是会将消费者的行为引导向更稳定的重复，从而增强用户对这一消费行为的黏性。图3-20 所示为仪式感养成模型。

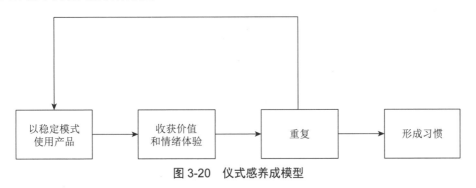

图 3-20　仪式感养成模型

例如，抖音中的"摔碗酒"就是仪式感的示意，用户通过简单的一个"摔碗"动作，体验了喝酒的仪式感，而这种仪式刺激了更多网络消费者融入这样的活动之中，并被积极地与这样的仪式活动互动和转发。图 3-21 所示为抖音"摔碗酒"。

图 3-21　抖音"摔碗酒"

案例　某品牌手机通过活动提升用户参与感

现在品牌的多样化加剧了品牌之间的竞争。如何增强用户与品牌的黏性，提升用户的体验感和参与感，转变普通用户为品牌的忠实用户，为商家和品牌提出了新的挑战。

　　某品牌手机的游戏中心举办品牌活动新春游园会，目的是为玩家提供一个既有趣又内容丰富的游戏环境。其中不仅有抢红包、积分夺宝等多种多样好玩有趣的有奖活动，商家还把与玩家的趣味互动植入游戏当中，使每一位玩家都能收获满满的参与感，在游戏中获得快乐，也让游戏厂商互利共赢获得高曝光的机会。

　　在这次活动期间，首先，该品牌游戏中心深入挖掘用户使用场景，抓住春节这个阖家团圆的契机，提前准备了上百万的红包奖品、某款手机的新年星幕版、各种主流游戏周边等，只要玩家参加到活动中来都有一定的机会获得。其次，为了加强玩家的参与感，拉近玩家与品牌的距离，该品牌游戏社区发起了诸如新春说祝福、晒年货、许愿签到、汤圆最爱吃什么馅等话题活动，在社交平台上活动累计浏览次数达到 600 万次。

　　除此之外，活动期间该品牌游戏平台还向用户派发了上千万以上的品牌游戏折抵券，极大刺激了用户玩游戏的积极性。

　　目前，该品牌游戏月游戏用户活跃已超过 1 亿人，这些用户往往都具备着高黏度、高消费、高活跃的特点。该品牌游戏平台自身也在深耕用户运营之道，连续不断向用户输出用户可能感兴趣的内容从而吸引用户关注，进一步提升游戏玩家的活跃度，从而培养忠诚度高的玩家。该品牌新春游园会的成功举办，证明了该品牌游戏平台成功的运营策略，从另一方面表现出了用户对该品牌游戏平台的认可和喜爱。

　　图 3-22 所示为某品牌手机游园会。

图 3-22　某品牌手机游园会

3.3　网络用户影响力行为分析

　　人与人的交往是相互的，人的社交活动会对其他人以及事物带来影响。互联网带给人类高速快捷的信息交流方式，改变了人的社交方式，使用互联网交流的用户随即产生了不同于现实生活中的网络用户影响力。

3.3.1 网络用户影响力分析的重要性

随着网络逐渐深刻影响人类的生活，网络用户的研究显得十分必要。而有关网络用户影响力的研究分析是研究并应用相关技术挖掘今后社交网络发展的重要方式，研究分析网络用户影响力有助于人们更进一步了解网络信息传播的方式以及网络事件影响的应对与处理，从而能够做到对症下药，面对网络危机事件可以实现积极有效地引导。

首先，通过分析网络用户的影响力，企业可以在网络社交平台上更有选择性地针对影响力大的用户进行广告营销。其次，社交网络的特点以及发展趋势会直接作用于用户影响力，因此研究用户影响力可以更加直观准确地把握住社交网络的发展趋势。社交网络平台中网络社区发现、好友推荐、信息检索等功能应用的研究也同样需要用户影响力的参与衡量。例如，研究微博关注相似类型的大 V 微博用户，可研究他们的兴趣喜好的异同等。

总而言之，社交网络媒体平台中的用户影响力研究分析在网络社交媒体理论研究和技术应用方面都发挥着极其重要的作用。

课堂讨论： 结合个人平日使用互联网的方式思考会对其他用户及网络产生什么影响？可举例说明。

3.3.2 网络用户影响力行为分析的方法

网络用户影响力行为分析的方法有许多种，例如用户影响力微观分析和用户影响力宏观分析。

1. 用户影响力微观分析

从微观角度来看，用户影响力和用户的关系非常紧密，用户自身性质与用户在使用社交网络展现出的行为可以真实反映出用户的影响力。网络社交媒体的用户影响力是通过用户之间的互动体现出来，用户间又存在着相似性、互利性和主动性三大特点。相似性指的是网络用户间就基本信息以及兴趣爱好等方面的相似度；互利性为用户的行为偏向于共赢互惠；主动性则指用户在使用互联网期间根据个人兴趣爱好产生内容的行为。

网络用户影响力在微观层面主要受用户个人的特点和用户的行为这两方面因素的影响，恰好这两方面因素也是衡量一个用户影响力的大小与尺度。而分析用户行为的方式是分析网络日志，通过分析日志中的相关数据，可以了解网络用户在不同时间段影响力的变化动态，以及结合其他多重数据可以构建出完备的社交网络。图 3-23 所示为用户社交网络漫画。

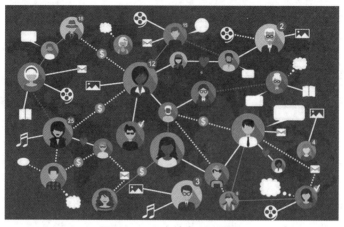

图 3-23　用户社交网络漫画

2. 用户影响力宏观分析

从宏观的角度来理解用户影响力分析，就是从外部的结构和功能的角度去考虑，主要包括和用户影响力相关的网络结构特点和功能特点以及用户影响力自身的传播方式。

社交网络的结构可以反映出一个用户通过网络进行社交行为的方式、模式。例如，两个用户间的关系在某一平台是双向还是单向的；而社交网络的功能，一方面，不同的社交媒体会有所差异，但它们的核心功能就是为用户提供相应的服务，从而对用户的行为产生一定的影响。另一方面，不同的传播方式决定影响力的具体定义以及影响力的全局关联性。

总而言之，用户影响力的大小在宏观层面也是动态变化的，它的不同传播方式决定了变化的方式，从而影响了用户影响力的大小。图 3-24 所示为微博召开的 V 影响力峰会。

图 3-24　微博召开的 V 影响力峰会

案例　网络时代，每个人都可以有影响力

每个人在年少时可能都有偶像，因为一个人的杰出，促使人们想要成为像偶像一样优秀的人。例如，因为喜欢某人的歌曲，爱上音乐；因为某位体育健儿的夺冠，喜欢上了某项运动。以上这些例子都属于人或事物带给我们的影响力。影响力一般指正面积极的影响。在传统媒体时代，人们心目中具有影响力的人物大部分来源于电视、报纸等传统媒体。在现在网络发达、信息千变万化的时代，一个普通人的一条信息可能就会在网络世界造成巨大的影响力，从而影响到现实世界。

如 B 站的 UP "大家好我叫何同学（后面简称何同学）"在 2019 年 6 月 6 日上传的一条关于"5G 到底有多快"的投稿视频在短时间内收获了全网的关注，截至 2020 年 4 月，该视频播放量近 2000 万次，何同学因此也一炮走红。何同学 2017 年 10 月开始在 B 站上上传视频，视频的内容主要与科技数码有关。在他的视频爆红之前，他也只是一个 B 站默默无名的 UP 主，没有任何的团队，何同学本人只是一个北京邮电大学国际学院 2017 级电信工程及管理专业的学生。何同学的视频制作技术娴熟，构思巧妙，其有关数码科技的视频内容干货满满，使对数码科技不感兴趣的人也可以兴趣十足地观看他制作的视频。

在以往的传统媒体时代，人们的发声权和话语权被"掌握"，普通人发声的影响微乎其微。移动互联网、网络社交媒体、自媒体的迅速发展，使传统媒体的架构逐渐瓦解，这些平台给予普通人可以尽情展现自我、表达想法的渠道。每个人都可能在下一个洪流中成为有影响力的人，粉丝经济也应运而生。图 3-25 所示为何同学的视频开场。

图 3-25　何同学视频开场

课堂讨论：在考虑用户影响力分析时应分析哪些方面？

3.4　网络用户心理活动分析

用户在使用互联网时依然会带有在现实生活中的心理活动与心理习惯，了解这些心理活动与习惯，有助于更进一步了解用户的心理。

3.4.1 首因效应

首因效应俗称“第一印象”，由美国心理学家洛钦斯提出，指个体在进行社会认知的过程中，客体留下的第一印象所代表的信息对个体认知产生的影响作用，即使第一印象所反映出的信息有可能并不正确，却影响深刻甚至影响到后续个体的认知。举例来说，当我们初次来到一个班级，遇到了一个不爱笑、看起来不好相处的人，他的“不好相处”给我们留下了第一印象，但是在后来的相处中我们逐渐发现这个人并非“不好相处”，而是因为其内敛害羞的性格导致了我们在初识时期的错误认识。可是，在了解到他的真实性格之前，这种“不好相处”的印象会使我们抗拒与他接触。

首因效应的心理说明人类接受外界信息时，大脑对于信息接受的先后顺序十分敏感。首因效应具有先入性、误导性、不稳定性的特点，但首因效应在一定程度上可以得到控制。首先，首因效应会因为个体社会经历丰富、阅历深厚而降低。其次，通过了解首因效应的原理也会使个体理智应对首因效应带给个体的影响。

首因效应会使网络用户在使用互联网时对网络上的信息产生不同的印象，这些印象的好坏影响着用户后续使用互联网的体验感。因此在设计 App 网页，进行广告推广、营销活动时，要考虑到首因效应带给用户的影响，并根据用户的体验报告进一步完善用户的体验。图 3-26 所示为玩家对某款新网络手游的评价。

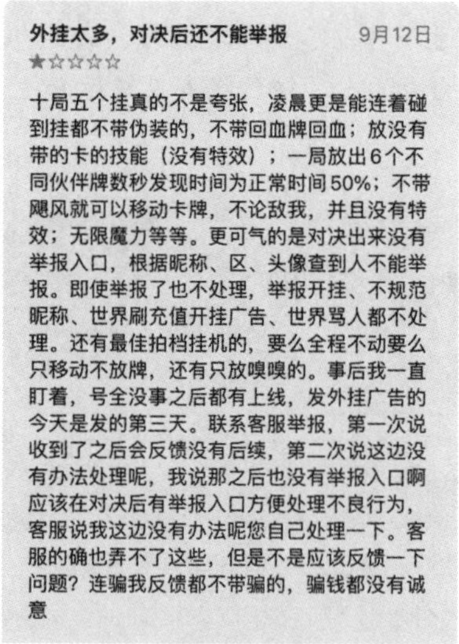
外挂太多，对决后还不能举报 9月12日

★☆☆☆☆

十局五个挂真的不是夸张，凌晨更是能连着碰到挂都不带伪装的，不带回血牌回血；放没有带的卡的技能（没有特效）；一局放出6个不同伙伴牌数秒发现时间为正常时间50%；不带飓风就可以移动卡牌，不论敌我，并且没有特效；无限魔力等等。更可气的是对决出来没有举报入口，根据昵称、区、头像查到人不能举报。即使举报了也不处理，举报开挂、不规范昵称、世界刷充值开挂广告、世界骂人都不处理。还有最佳拍档挂机的，要么全程不动要么只移动不放牌，还有只放嗅嗅的。事后我一直盯着，号全没事之后都有上线，发外挂广告的今天是发的第三天。联系客服举报，第一次说收到了之后会反馈没有后续，第二次说这边没有办法处理呢，我说那之后也没有举报入口啊应该在对决后有举报入口方便处理不良行为，客服说我这边没有办法呢您自己处理一下。客服的确也弄不了这些，但是不是应该反馈一下问题？连骗我反馈都不带骗的，骗钱都没有诚意

图 3-26　玩家对某款新网络手游的评价

课堂讨论： 结合实际，谈谈首因效应对你在使用网络时造成的影响。

3.4.2 相信图片视频与资料真相

俗话说“耳听为虚，眼见为实”。进行消费行为时，消费者往往会货比三家，通

过对比来选出质量最佳、价格最优、最适合自己的商品进行购买。面对网络购物这种前期无法真实地接触到商品的购物模式，电商平台开启的评价功能便成为消费者判断一个商品品质的最佳方式。商家描述商品的文字和图片是片面的，只有来自有共同需求已体验过商品的买家的评价才是对一个商品品质的最佳肯定。例如，当用户在某外卖 App 上选择一款外卖，商家自己对食品的图文介绍会吸引用户进行进一步了解，使用户决定下单购买该商家食品的契机更在于其他食客对于食品的真实体验。

在当下短视频当道的年代，有关商品的视频评价更加鲜活生动地表现出商品的真实情况。图 3-27 所示为消费者对于某商家外卖的图文差评。

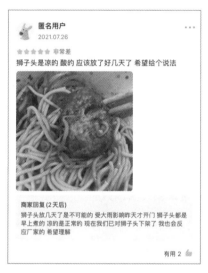

图 3-27　消费者对于某商家外卖的图文差评

3.4.3　相信其他用户推荐

相信其他用户的推荐是我们在生活中购买商品时经常会出现的一种状况，其实这种情况属于一种口碑效应。口碑效应原为任天堂前社长山内溥提出，指一些优秀的作品在发售之初可能并不受人关注，但随着时间推移，经过玩家的口碑积累逐渐走红，而消费者、用户相信其他用户的推荐同样也是基于他们对该商品形成的良好口碑。

而口碑效应催生了口碑营销（口碑传播），即商家（生产者）以外的个人通过明示或暗示的方式，信息不经过第三方的加工处理，传递给其他人从而影响这些人对某一事物的态度，甚至会影响到这些人的购买行为的双向传播互动行为。

口碑传播最重要的一个特征之一即是可信度高。传统的口碑传播发生在亲戚、朋友、同事、同学等这些关系密切的群体之间，他们在发生口碑传播之前就已经建立了一种长期稳定的关系，而经这种口碑的推荐，可信度要比广告、公关、促销等方式可信度更高。

现互联网时代，来自网友的真诚推荐或评论类 App 的评价也成为口碑发酵的一种方式。前面讲到的"相信图片视频与资料真相"的网络用户心理活动，便属于判断网友口碑评价较为有说服力的一种方式。图 3-28 所示为某手机 App 中用户的分享帖。

图 3-28　某手机 App 中用户的分享帖

案例　　**小红书的口碑带来品牌轰动效应**

在购物时，货比三家是挑到心仪商品的一种方式。当网络购物兴起，消费者无法真实触摸到商品，增加了购买商品的风险，加之电商平台的商家对于商品图片的过度美化，使消费者经常会经历"卖家秀"与"买家秀"存在天壤之别的事件，因此其他买家的评价显得尤为重要，一些有关口碑推荐的 App 也应运而生成为消费者购物时的参考。图 3-29 所示为小红书卖家秀与买家秀。

（a）　　　　　　　　　　　　　　　　（b）

图 3-29　小红书卖家秀与买家秀

小红书是国内十分有名的社交分享类 App，小红书最初是从社区起家，用户通过小红书在相应的社区中分享海外的购物经验，到现在小红书涵盖美妆、生活、运动、家居、旅行等全方面的信息分享，成为用户交流消费经验和生活方式的平台。而小红书的成功也帮助了完美日记、钟薛高、谷雨等多个品牌成长起来，李宁、大白兔等老品牌通过小红书被更多年轻人所喜爱，成为个性、新消费时尚的代表，小红书也成为赋能新品牌的重要平台。图 3-30 所示为小红书 App 的图标。

图 3-30　小红书 App 的图标

美妆品牌完美日记前期的营销路径是在小红书上密集"种草"，在小红书上借时尚圈红人和粉丝圈累积人气和粉丝，通过明星的推荐分享为品牌带来流量和关注。中期在小红书上持续"种草"，聚焦直播，同时建立私域流量，着重对私域流量进行运营。后期品牌持续运营小红书、直播以及社群，加大宣传力度，同时加快线下门店的建设，投放分众楼宇广告来扩大品牌的知名度，使品牌从网络走入现实生活。完美日记精准地把握住了小红书的红利，如今其已成为国内的知名品牌。图 3-31 所示为美妆品牌完美日记的商标。

图 3-31　美妆品牌完美日记的商标

不仅是品牌的推广，小红书内有关个体商品的分享口碑也可持续发酵，造成商品的轰动效应。如某款口红经过大 V 推广或试色，经过一些接受软广的博主再一轮分享推广，最后到一些素人的分享推广，该款口红凭借其口碑很快便成为"种草"对象，不仅拉高了该款口红的成交量，甚至还可能造成该款产品断货涨价的情况发生。

课堂讨论：如何利用口碑效应营销推广某种商品？

3.4.4　个人信息的安全

个人信息的安全指公民身份、财产等相关个人信息的安全状况。现在随着互联网的发展，公民个人信息泄露的风险提高。无论是恶意程序、钓鱼欺诈类网站还是黑客攻击、BUG（漏洞）造成的个人信息泄露，都给网民的个人信息安全造成不小的威胁。同时在大数据时代，信息更是成为一种资源推动各方面发展。需要注意的是，个人信息的泄露不仅代表着个人的损失，而庞大的个人信息泄露不仅对企业造成损失，甚至会上升至对国家信息安全的威胁。尤其在大数据技术广泛应用的今天，人们在享受着算法等智能技术带来的便利的同时，个人的信息也同时被收集和处理。我国在 2017 年 6 月 1 日通过实行了《中华人民共和国网络安全法》，这是我国首部有关网络安全的法律，用以保护个人信息的安全。

这就要求用户在使用互联网的时候，做到小心谨慎，提高保护自己个人信息的能力。同时，相关的企业与公司也有义务保证用户的个人信息不被泄露。图 3-32 所示为个人信息泄露被非法售卖。

图 3-32　个人信息泄露被非法售卖

🖊 **课堂讨论**：个人用户应从哪些方面注意提高自己的防范意识？具体怎么做？

3.4.5　惯性思维

惯性思维又被称为思维定势，指原积累的经验教训、思维模式在情况反复不变的情况下形成的一种思维习惯，但当情况发生变化时，这种思维习惯则会妨碍新的思路出现可能会产生负面消极的影响。惯性思维形成的因素首先由不变的模式环境形成，而克服惯性思维所带来的影响则是有相当难度的，不仅需要个人明确的认知，同时也需要个人的决心。其次，惯性思维的形成也取决于人们生活的文化背景、知识水平、世界观等，这些不同的因素都会造成人们存在不同的思维定势。

惯性思维在互联网用户中可以体现在多个方面，例如，用户所熟悉使用某 App 界面的功能，当开发者下一次更新移除或改变了这个功能会使常用的用户感到不适。因此，对于网络产品的制作和研发，在每一次改变原有规律功能时开发者需要谨慎多方考虑，应多考虑原有老用户的使用习惯，同时也应本着适合人们心理规律的原则进行每一次改动和设计。图 3-33 所示为 iOS 14 闹钟界面的不人性化改动。

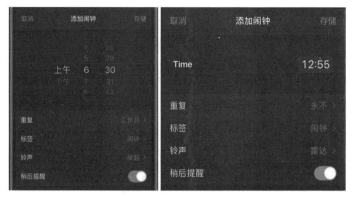

图 3-33　iOS 14 闹钟界面的不人性化改动

3.4.6　相信个人判断

个体在认知社会的过程中从经验阅历逐渐积累起了个体自身对社会规则的认知规律，这个规律也会成为今后指导个体生存的一套行为准则，个体在判断对待事物上会形成自己的判断。现实生活中经常可以看到，"我"认为某件事情应该是这样的，却因"我"忽略了事情的某些关键因素造成事情并不是"我"所设想的那样，从而致使"我"认为这件事情有所不公，从这个例子可以看出，个体有些时候是十分迷信个人的判断的，这同样可以属于惯性思维的一部分。

网络用户使用互联网，在各社交平台软件上注册账号，成为该软件的使用者和体验者，用户与社交软件制作者、内容生产者就成为虚拟网络意义上的"顾客与商家"的关系。本着"顾客就是上帝"的原则，用户会认为自己理应受到商家无微不至的对待，用户认为不合理与不适的地方会直言提出，即使在有些情况下是用户自身忽略某些问题或误会导致的不理解。同时反过来，社交软件的制作者与内容生产者要理解用户的这类心理，正视用户提出的问题，耐心地解决用户所遇到的问题与提出的建议，做出合理的解释积极应对，才能进一步推进社交平台与用户的良好关系，进一步改善网络社交平台的运营。

3.4.7　搜索引擎大数据知我心

搜索引擎是根据用户的需求运用一定的算法技术策略从互联网上检索到用户所需要的信息反馈给用户的一门技术。正因如此，搜索引擎成为互联网一个重要的组成部分，给人们带来便利的影响，搜索引擎的准确精度与速度，是搜索引擎在不断追求的未来发展趋势。随着科技的逐渐发展，大数据与人工智能技术的不断成熟，大数据这样能够收集、管理、处理、整理海量数据资料的技术越来越多地与互联网的功能相结合。大数据可以根据用户的最近搜索浏览推送给用户相关信息，即使用户想要了解的信息有所更新，通过用户的点击阅读，大数据算法可即时更新的信息推送给用户。

用户在使用互联网社交平台和搜索引擎时，往往希望从社交平台和搜索引擎获得更精准的消息、推送以及更舒适的使用体验，这就要求平台制作者和内容生产者能够更加了解用户的需求，提供更加精准且符合人性化需求的服务。

科技的每一次更新都会带给人类惊叹，而让科技真正发挥作用深入人心的则是科技与人文的结合，让科技拥有温度，让科技更懂人类，让科技服务于人类。图 3-34 所示为搜索"暴雨"的搜索引擎联想与推送。

图 3-34　搜索"暴雨"的搜索引擎联想与推送

总而言之，网络用户的心理活动反映出用户的内心诉求，而用户的内心诉求与人的心理息息相关。更好地懂得用户的心理活动与心理需求，有助于我们进一步完善互联网产品的功能。

课堂讨论：结合实际生活，你认为还应有那些网络用户的心理活动值得注意和研究？

3.5　本章小结

在前面的学习中，我们分别了解到用户行为特征与心理的关系和网络用户的特点，而本章我们将前两章的知识引入结合在一起，对互联网环境下网络用户行为与心理进行一定的了解和分析，辨别他们的异同。网络用户的本质依然是人使用互联网通过社交媒体平台在虚拟的环境与其他人进行沟通互动，普通用户的行为与心理依然适用于网络用户，但是互联网的虚拟环境为人提供了一种"隐身的幻境"，用户可以隐藏起自身原本的性格，在互联网上营造出另一种与现实生活中截然不同的性格，因此网络用户行为与心理的分析也显得十分必要。网络用户的行为与心理分析有助于我们更好地了解用户的需求及喜好等，不仅有利于了解用户的消费心理，同时对于社交网络平台等的功能建设与改进也提供了巨大的帮助。

第4章 网络用户个性心理与行为特征

在信息化时代，互联网已经成为人们生活中不可缺少的部分。据统计，截至 2020 年 12 月，我国网民规模达到 9.89 亿，占全球网民的 1/5 左右。有别于其他用户，网络用户具有独特的心理与行为特征，网络用户具有情绪化与固定化并存、封闭性与开放性交织的性格特点，行动上追求个性化、主动性、交互意识强。研究网络用户个性心理与行为特征，是研究用户心理与行为的重要环境，网络用户是用户的重要组成部分，对于有针对性的用户消费指导、产品定位、营销策划、市场预判具有重要作用。

根据不同的划分依据，可以将消费者分为不同的消费者群体，同一消费者群体的消费者有一定程度的相似性，不同消费者群体之间有很大差异。充分了解消费者群体的消费需求和购买动机，根据消费者群体的不同细分市场，有助于增强计划性、目的性，节省时间，提高效率。

本章从网络用户的特征出发，了解不同消费群体具体的心理与行为特征。

4.1 网络用户个性心理分析

心理特征是指心理活动进行时经常表现出的稳定特点，网络用户在心理特征表现出群体的共性，这些特征的产生与网络环境的特殊性有关。

4.1.1 网络用户性格特征分析

性格是对人类个体特征的一种描述，是心理特征的外在表现之一，可以作为区分不同人群的标准。一方面，网络用户的性格与本人现实性格息息相关，呈现多样性；另一方面，由于又具有群体性特征，表现出诸多共同点。性格不仅仅与人类现实世界的各种行为息息相关，而且也会映射到网络用户的网络行为中。

1. 情绪化

由于网络传播搞笑、快速、密集的特点，网络用户呈现情绪化的个性特征，其情绪受到网络信息、网络环境、其他用户情绪的影响较大。在网络环境中，用户社交压力较小，情绪表达更加直接、表现更加激烈。研究表明，网络传播的情绪中负面情绪出现更加频繁，人们在现实社交中由于某些原因不能表达的负面情绪在互联网得到宣泄。图 4-1 所示为网络用户情绪概念图。

图 4-1　网络用户情绪概念图

2. 固定化

网络用户的个性具有稳固性，用户在使用互联网时并不会随意改变原有个性特征，而是倾向于放大原有的特征，这些特征在现实生活中可能是外显的，也可能是被用户有意压抑的，甚至是潜在的，被网络有别于真实世界的交际方式激发、放大。

3. 开放性

网络用户具有开放性，表现在对自我的展示和对新事物、新信息的包容和接纳，通过便捷、丰富的网络世界，用户可以接触到通过现实生活无法接触的事物、现象，如网络购物使不同国家的居民在品牌网站订购国外商品，不同地区的网络用户在同一社交媒体交流、互动；但这种开放性又是有限的，一旦用户感到自己的隐私被侵犯，如有意隐藏的真实身份曝光、被现实生活有交集的人窥探到不愿意在现实分享的隐私，用户则会感到不适，甚至是愤怒。图 4-2 所示为某国际购物网站。

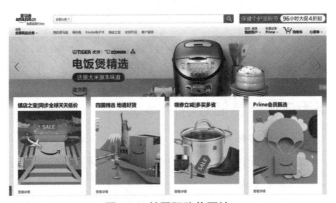

图 4-2　某国际购物网站

4. 封闭性

在网络信息爆炸的时代，大数据的筛选、用户自己的选择，将不同的网络用户限定在一定范围内，这点与现实世界类似，但在网络世界得到了强化。对于感兴趣的信息，人们会不竭余力去了解，甚至陷入错过信息的苦恼，观念和视野不断被接收到的信息强化、固化，对于"圈外"的或相反信息，不再接受和认同。如对于经过网络大 V 转发的网络谣言，其关注者会坚信不疑，但对于事件的反转和官方媒体的辟谣，这些关注者不会关注也不会相信。图 4-3 所示为新浪微博官方辟谣。

图 4-3　新浪微博官方辟谣

4.1.2　网络用户心理需要分析

根据网络用户心理特征进而分析其心理需要，包括身份隐蔽、地位提升、交流需求、关注和认同等部分。

1. 身份隐蔽

网络用户在互联网交流、活动时根据需要隐藏起自己的身份、年龄、相貌等，并且可以对隐藏的部分进行虚构，打造出与现实生活不同的身份。身份隐蔽是互联网的众多优势中不能忽视的一个，从网络用户的心理上来说，隐蔽的身份让他们获取安全感，既可以直接与现实交际范围外的人对话，又能够保全自己的隐私，不用担心对话的内容对自己造成实质性的伤害。因此，网络用户选择服务时更倾向于选择隐蔽性高、保密性强的，以减轻他们的心理负担，停留时间更长。图 4-4 所示为匿名提问游戏。

图 4-4　匿名提问游戏

2. 地位提升

互联网为普通用户提供了表达观点的平台，任何人都可以在互联网上对某一话题提出自己的观点，或者与现实中无法接触的人群进行对话、交流，使用户感到地位的提升，进而感受到超越现实社会的公平性。即使这种公平性是有限的，但对网络用户存在强烈的吸引力。例如，明星时常在网络平台与粉丝进行互动，如粉丝群交流、微博评论回复、博文点赞等，这种行为往往能为粉丝群体带来极大的满足感，在现实生活中只有极少数粉丝能够与偶像近距离接触，而通过互联网偶像与粉丝的互动，即使只是文字和表情，所花费成本远远不及线下，但这种具有一定随机性的、偶然性的行为，使粉丝自觉打破身份的限制获得偶像接触的机会。

3. 交流需求

由于时间和空间的限制，人们在现实生活中的交际对象受到很大的限制，当对某一事件产生兴趣时人的社会性决定其交流和表达的欲望，但交际的限制使得人们在现实生活中不一定能够找到合适的交际对象。而互联网为交流提供了一个广阔、自由的平台，打破了时空的限制，人们可以在互联网找到兴趣相似的用户，即使双方的意见不统一，在交换意见，甚至是争论的过程中，人们交流的需求也得到了满足。因此，对于网络用户表达、交流的机会是至关重要的，单方面的传输思想往往会使其反感。图 4-5 所示为互联网使人们沟通便捷。

图 4-5　互联网使人们沟通便捷

4. 关注和认同

通过互联网，网络用户不仅接收信息，也输出信息，出于交际的目的或寻求尊重、认同等心理因素，人们期望得到相对更多人的关注。与现实交际相同，渴望得到关注是出于对"自我"的认同，由于互联网的隐蔽性对关注度的需求也发生变化。例如，有些短视频用户不希望被现实生活中熟识的人关注，但渴望其发布的视频得到更多的点击量，两者之间并不矛盾。隐蔽性意味着安全，而获取关注代表着对个体的认同。一些在现实生活中缺少社交的人在互联网平台十分活跃，这是对现实生活交际缺失的一种代偿。图 4-6 所示为某视频账号的数据统计界面，包括了关注数、粉丝数、获赞数、播放数和阅读数，这些量化指标都指向了网络用户希望得到关注与认同。

关注数	粉丝数	获赞数	播放数	阅读数
532	6795	14.7万	549.1万	66.3万

图 4-6 某视频账号的数据统计界面

案例 "鸿星尔克"捐款引发全网"狂欢"

2021 年，郑州遭遇"720"特大暴雨，社会各界纷纷伸出援手，许多几乎已经被消费者淡忘的国货品牌因为捐款数额巨大、捐款物资巨多再次引起人们的关注，其中就有国产运动品牌鸿星尔克。鸿星尔克成立于 2000 年，总部位于福建省厦门市，是一家集研发、生产、销售为一体，员工近 3 万人的大型运动服饰企业。作为一家运营 20 年的企业，鸿星尔克在近些年已经退出一线城市，不敌国外品牌和国内一线品牌的冲击，原本在互联网没有任何热度。然而 2021 年 7 月 21 日，鸿星尔克官方微博发文称捐赠 5000 万元物资驰援河南灾区，几经发酵引发巨大反响。网民先是涌入鸿星尔克官方微博为其点赞、评论、转发，有网友指出，鸿星尔克仅 2020 年亏损 2.2 亿，于是为了表达对鸿星尔克的支持，网友开始"转战"鸿星尔克的网络直播间进行观看、购买，平日里冷清的直播间瞬间热度暴增，最高观看人次高达 800 多万，直播间成交量暴涨，直播间货品被清扫一空。一些消费者表示，因为直播间已经断货，所以只能去线下门店买，结果线下门店许多款式也已经断码、断货。

事情发展到这里并没有结束，网络的"狂欢"还在继续，部分网友对鸿星尔克的支持转变为对其他品牌的仇视，在其他运动品牌的直播间甚至被网友的谩骂刷屏，质问其"为什么不捐款"或"为什么不卖国货"，俨然发展成网络暴力。与此同时，对鸿星尔克的质疑也开始出现，一方面，有网友指出其捐款为 5000 万元物资，而不是人民币，值得注意的是，鸿星尔克发布微博时已经清楚写明 5000 万元的物资，但在传播和发酵中已经无人在意；另一方面，对流传的鸿星尔克濒临倒闭、负债累累的经营状况也有网友拿出相反的证据。对鸿星尔克的嘲讽和声讨如同对它的鼓励和赞美一样铺天盖地在互联网上传播。

✎ **课堂讨论：**网络用户心理特征对消费有何影响？

4.2 网络用户个性行为特征分析

个体或群体待人处事风格的不同表现出不同的行为特征，不同的个体或群体的行为特征不仅与内部生理、心理原因有关，也受到外部环境的影响，表现出差异性。网络环境具有虚拟性、开放性、便捷性等特点，作为一种特殊的外部环境，用户往往表现出有别于现实环境的行为特征。

1. 追求个性化

网络用户的选择方式更多、选择空间更大，无论是娱乐、社交，还是消费，网络用户接触到的信息远远超过线下。同时，随着社会经济的发展，居民收入不断提高，进一步拓宽了选择的余地。面对选择的多样化，人们突出个性、彰显自我的心理需要不断增加。消费者个性化的要求促使商家推出个性化的商品，丰富的商品又反过来使得消费者的需求成为可能并提出新的要求，例如，新中国成立初期国内的服饰高度同质化，改革开放后经济水平的提升和频繁的对外交流使人们不再满足于同样的穿着打扮，服装种类不断丰富，发展到今天服装市场已经细分到极致，满足不同消费者的购买需求。图 4-7 所示为服装商店。

图 4-7　服装商店

2. 主动性增强

网络用户具有更强的主动性，网络空间的自由带给用户更大的自主权，用户可以根据需要自由选择使用的服务，因此用户在做出选择之前往往愿意主动通过各种渠道获取相关的信息、了解该项服务带来的利弊，在网络服务中用户由被动接受服务转为主动选择服务。例如，在进行网络购物之前，消费者会选择不同的商品比较其性能、价格，通过商家描述、使用者评价来判断是否符合自己的需求，在确定商品之后还要在多种购物平台之间进行价格、附赠品、售后服务等的比较，最后才能确定购买对象。购物网站交流软件阿里旺旺的诞生与使用，就是网络用户主动性增强的证明。阿里旺旺是淘宝和阿里巴巴为商人量身定做的免费网上商务沟通软件 / 聊天工具，是买卖双方网络沟通桥梁，网络用户不仅可以即时文字交流，还可以语音视频。图 4-8 所示为阿里旺旺登录界面。

图 4-8　阿里旺旺登录界面

3. 强烈的互动意识

网络交流的便捷性带来互动性的增强，网络用户具有强烈的互动意识，不仅表现在与其他网络用户之间，也表现在对于商品和服务提供商的互动上。互联网打破了由生产者、商业机构和消费者组成的传统的商业流通渠道，消费者能够直接与生产商进行交流，提高了用户表达效率，有效避免用户消费的失败，促使用户互动意识的提升。

4. 追求便利、简洁

网络使得人际交往超出了时空的局限，现代人生活节奏快，时间碎片化，使用互联网追求其便利性，以压缩时间和行动成本，同时，网络信息、服务的多样性，用户分摊到每项活动的时间、经历、金钱十分有限，过于复杂的操作、过于烦琐的流程，或是过多的广告、弹窗都可能造成潜在用户的流失。图 4-9 所示为常用短视频 App。

图 4-9　常用短视频 App

课堂讨论： 如何看待网络用户行为特征的利弊？

4.3　消费需求与购买动机

随着生活水平的提高，消费领域扩大，消费方式多样，对于消费的需求领域也不断扩大，消费者对于基本生存需要的需求转向发展和享受的需求，对消费需求和购买动机的细分也是必不可少的。

4.3.1 消费需求含义及分类

消费需求是指消费者为了实现自己的生存、发展和享受的要求所产生的对商品和劳务形式存在的消费品的欲望和意愿。消费者的消费需求受到商品经济发展程度的限制。总体来看，消费需求可以分为以下 3 类。

1. 消费目的

按照消费者消费目的的不同，可分为生产性消费需求和生活性消费需求。生产性消费需求满足生产过程中的需要，劳动力、厂房、设备、原材料等都属于生产性消费；生活性消费满足个人生活的需要，分为物质产品需要和精神产品需要，日常所需的衣、食、住房、交通需要属于物质产品需要，而教育、娱乐、文化方面的需要属于精神产品需要。图 4-10 所示为线下市场购物。

图 4-10　线下市场购物

2. 消费对象

按照消费需求满足的对象不同，可分为集体消费需求和个人消费需求。集体消费需求是指为满足社会集体消费需要而统筹安排的部分，在我国社会消费需求占有相当的份额；个人消费需求是指社会居民有货币支付能力的生活消费需求，随着市场经济的发展，个人消费需求所占比重逐步扩大。

3. 消费实现程度

按照消费需求的实现程度不同，可分为现实消费需求和潜在消费需求。现实消费需求是指目前具有明确的消费意识，并且具有足够的支付能力的需求。现实消费需求又可分为已实现的消费需求和未满足的消费需求两种。某一个时期内某种商品出现短缺，那么市场上就会出现相当数量的未满足的消费需求。潜在消费需求是指消费者虽然有明确的消费意识，但由于某些原因没有明确显示出来的需求，如购买力不足、对商品不熟悉、竞品较多等原因。图 4-11 所示为游客在奢侈品店门前排队购物。

图 4-11　游客在奢侈品店门前排队购物

4.3.2　影响消费需求的主要因素

不同的消费者有不同的消费需求，即使是同一消费者群体内部成员也有具体的差异，这些差异受到个人内在因素和外部环境因素的影响。消费需求的差异往往不是其中某个因素作用的结果，而是共同造成的影响，在探究影响消费需求的因素时不能割裂看待，而要综合进行分析。

1. 个人内在因素

个人内在因素的差异是个体生理结构、生理状况、心理特征所造成的，包括心理因素和生理因素两方面。

（1）心理因素

心理因素也是影响消费者的消费需求的内在因素之一，并且是处于主导地位的因素，包括心理过程和个性心理两方面。心理过程包括认识过程、情感过程、意志过程三部分，其中，认识过程通过知觉、感觉、注意、记忆、思维、想象等心理机能反映人脑对客观事物的属性及其规律；情感过程包括喜爱、愤怒、满意、恐惧等情感态度，是指人们在认识客观事物时的情感体验；意志过程是指人们自觉确定行为动机和行为目的，并通过努力达成目标的心理过程，表现为消费者自觉确立消费目标，并努力克服困难实现目标。个性心理表现为个体对事物的态度、好恶，个人的性格、能力、气质。

（2）生理因素

生理因素包括生理需要、生理特征、健康状况等。马斯洛层次需要理论指出，生理需要是第一层次的需要，在满足高层次需要之前必须先满足低层次需要，因此生理需要是消费者消费行为的首要目标。图 4-12 所示为马斯洛需求层级。

图 4-12　马斯洛需求层级

生理特征如性别、年龄、身高、敏捷度、耐力等外在及内在特征。生理特征的微小差异都会产生不同的消费需求，如两性对于日用品的需求差异很大；不同的外形特征也可以造成不同的消费需求，如今热门的医美行业就是针对人对于外表的追求而应运而生的。图 4-13 所示为人类生理特征存在差异。

图 4-13　人类生理特征存在差异

2. 外部环境因素

外部环境是指个体或群体外部的自然环境、社会环境、政治环境等，影响消费需求的外部环境因素主要有自然环境因素和社会环境因素。

（1）自然环境因素

自然环境包括地理区域、气候条件、资源状况等因素。不同的生存环境影响消费者的消费需求，比如气候对人衣着的影响，热带及亚热带地区居住的人们不需要购置棉衣、羽绒服等保暖衣物，而冬季寒冷的地区对御寒保暖装备的需求更大。

（2）社会环境因素

社会环境因素是影响消费者消费需求的重要外在因素,包括经济水平、政治制度、国家政策等。经济水平是决定购买能力的直接因素之一,宏观上包括生产力发展水平、国民经济状况、市场供求关系等,微观上包括消费者经济状况、商品价格等;政治制度对消费者的消费内容、消费方式、消费习惯、消费心理和消费行为等都具有很大的影响,国家政策最直接、最深刻影响消费者的消费行为, 如"限塑令"要求商家禁止免费为顾客提供塑料购物袋。图 4-14 所示为"限塑令"宣传海报。

图 4-14　"限塑令"宣传海报

4.3.3　购买动机含义及分类

消费者的购买动机是指由需要引起并推动人们实施购买行为的驱动力, 每个消费者的购买行为都由购买动机引发,反映出消费者在物质、精神和情感层面的需求。购买动机与人的需要密切相关,但并不是所有的需要都表现为购买动机,因为受客观条件限制,人的需要不可能全部得到满足,因此促使消费者购买动机的主要是那些占据主导地位的消费需要。

购买动机可分为需求动机和心理动机,需求动机是出于消费者的生理需求而产生的购买动机,心理动机可分为以下 3 种。

1. 感情动机

感情动机是心理因素产生的购买欲望和意念,它不能简单理解为非理智动机,受外部环境刺激和个性特征影响,具有非计划性、临时性的特点。如在情人节受到节日氛围影响购买鲜花,或是进入直播间冲动消费,这些购买动机的产生并无计划性,所购商品非生活必需品,因此属于感情动机驱使的消费。图 4-15 所示为情人节花束产品界面。

2. 理智动机

理智动机建立在消费者的实际需求之上,消费者往往会充分了解商品、比较不同商品对其需求的满足

图 4-15　情人节花束产品界面

程度再进行消费，该动机驱使下，消费者求实、求廉，注重商品的实用度、价格、性能、安全性、售后服务，希望商品能够发挥其价值以满足需求。如为新房购置家具、家电时业主根据房屋环境、装修风格购买合适的商品，前期大量咨询、比较，不局限于一个购买渠道，多渠道比较，并寻求亲友意见。

3. 偏好动机

对于同样能够满足需要的消费品，消费者根据个人偏好选择特定的商品或品牌，消费者产生偏好基于个人的特殊需求或者对品牌信誉、价值的需求，如有一定身份地位的人选择价格较高的服饰品牌，或是中老年人选择经常光临的店铺购买日常用品。商家有意识培养消费者的偏好动机，使其成为忠实顾客，为品牌带来稳定收益，例如，一些品牌会在年终或节日为累积消费超过一定数额的消费者赠送礼品。图4-16所示为某定制男装品牌网站。

图 4-16　某定制男装品牌网站

4.3.4　购买动机的性质

购买动机由需要引发，是产生购买行为的内驱力，想要深刻地了解购买动机，就必须了解购买动机的4个性质。

1. 主导性

在消费者的不同消费需求中，有占据主导性的优势消费需求，这些需求能够引起迫切性的购买动机，除此之外还有许多辅助性需求，这些需求的迫切程度不及优势消费需求，引发的购买动机不够强烈。占据主导性优先引起消费者的购买行为，一般只有当优势消费需求得到满足，辅助性需求引起的辅助性动机才能发挥作用。

2. 可变性

当占据主导地位的优势消费需求得到满足，原先的迫切性的购买动机消失，某些辅助性购买动机就可能取代原先的主导购买动机，转化为新的主导购买动机。如某人为了换新手机而存款，当购置新手机后，新的存款目标就会更换，可能是买新的耳机，或购置更加昂贵的商品，如房产等。

3. 内隐性

消费者出于某种原因，不愿让其他人知道自己真正购买动机的心理特征。购买动机的内隐性使得消费者对于自己的真实购买动机没有充分、明确的认识，即察觉不到自己的真实动机。比如经济情况不好的学生购买昂贵的苹果手机，对父母宣称是为了获取优于国产手机的性能，其真实的购买动机可能是以手机的价值在同学、朋友之间攀比、炫耀，满足自己的虚荣心。图 4-17 所示为某国际品牌高端手机。

图 4-17　某国际品牌高端手机

4. 模糊性

一种购买行为的发生背后的购买动机并非是单一的，可能是多种购买动机组合的结果，这些购买动机有些是主要的，有些则是辅助的，有些能够被消费者明确意识到，有些则不被消费者察觉，处于潜意识状态。

✎ **课堂讨论**：消费需求和购买动机之间有怎样的关系？如何应用这样关系？

4.4　群体消费者概述

群体是指若干社会成员（两人或两人以上）在长期接触交往过程中通过一定的社会关系而相互作用形成的集合体。群体规模可大可小，小到朋友二人，大到几十人的班级、社团，都可以形成群体。群体消费者指具有同一消费特征的消费者所组成的群体。同一群体消费者在消费心理、消费行为等方面都具有明显的相似之处，因为同一群体成员之间接触、互动频繁，故而相互影响，而不同消费者群体成员之间在消费方面存在着多种差异。

4.4.1　群体消费者的形成

群体消费者的形成是内在因素和外部因素共同作用的结果。

1. 内在因素

内在因素主要有性别、年龄、个性特征、生理方式、兴趣爱好等消费者生理与心理方面的特点，这些特点之间存在的差异促使消费者群体的形成。例如，根据性别的差异，形成了女性消费者群体、男性消费者群体；根据年龄的差异，形成了少年儿童消费者群体、青年消费者群体、中年消费者群体、老年消费者群体。不同的消费者群体由于其生理、心理特点的不同，消费需求、消费心理、消费方式等方面有很大的差异，而在本群体内部则有许多共同之处。如图 4-18 所示为某以女性消费者为主的直播间海报。

2. 外部因素

外部因素主要有生产力发展水平、所属国家、民族、宗教信仰、文化环境、政治背景、地理位置、气候条件等方面的影响。其中生产力水平对于消费者群体的形成起着至关重要的作用。生产力水平决定生产方式，生产力的发展水平越高，大规模共同劳动现象越普通，这就要求劳动者之间进行的分工更加细致。社会分工的结果是职业划分精细化，如相较于改革开放初期，除去传统的农民、工人、教师等职业，现代社会许多新职业诞生，如网络主播、电竞选手等，不同的职业有着不同的工作性质、工作环境、工作内容、工作需求，这些反映到从业人员身上必然会出现不同的消费习惯、消费心理、消费能力、购买行为。职业划分的差异更直观地体现在收入的不同，根据收入的差异也可以将消费者群体划分为最低收入群体、低收入群体、中低收入群体、中等收入群体、中高收入群体、高收入群体等。图 4-19 所示为某奢侈品品牌海报。

图 4-18 某以女性消费者为主的直播间海报

图 4-19 某奢侈品品牌海报

4.4.2 消费者群体的分类

对消费者群体按照不同标准分类有以下几种类型。

1. 正式群体与非正式群体

按照消费者群体组织是否有序可划分为正式群体与非正式群体。正式群体一般具有清晰的组织结构、完备的组织章程、确切的活动时间。相反，非正式群体一般规模较小，并且没有明确的组织结构和规章制度。例如，消费活动俱乐部、同业者联盟等属于正式群体，而个人交往的好友、同学，小型爱好社团等属于非正式群体。

2. 按照群体成员之间的相互影响不同可划分为首要群体与次要群体

由具有极其密切关系的消费者所组成的群体成为首要群体。例如，家庭成员、多年老友、邻里都属于首要群体。相反，对所属成员的消费心理、消费行为影响较小的称为次要群体，也称为次级群体或辅助群体。

3. 实际群体与假设群体

按照消费者群体成员之间的现实交往存在与否可以划分为实际群体与假设群体。实际群体的成员在现实生活中彼此接触、互相影响，是现实生活中客观存在的群体。而假设群体的成员仅具有某些共同消费特点，但是在现实中没有实际的联系，即彼此不接触，也没有组织形式，只是具有统计意义或研究意义的群体，因此也称作统计群体。例如，根据统计学统计出的不同年龄、性别、职业、收入水平、居住地区的消费者群体，都属于假设群体。图 4-20 所示为社区团购广告牌。

图 4-20　社区团购广告牌

4. 长期群体与临时群体

按照消费者加入群体时间长短可划分为长期群体与临时群体。长期群体中的成员加入群体时间较久，群体对于成员消费者的行为影响较大，具有稳定的约束作用。临时群体中的成员只是暂时加入其中，其群体对成员的影响力并不固定，可能较小也可能较大，可能是暂时性的也可能是持续性的。

5. 所属群体与渴望群体

按照消费者与群体的从属关系不同可以划分为所属群体与渴望群体。所属群体是指消费者已加入其中的群体。渴望群体是消费者愿意加入但实际尚未加入的群体。所属群体对消费者的消费心理和消费行为具有制约作用，而渴望群体对于消费者更多起到的是一种示范性作用，换句话说，前者约束消费者的行为，而后者引导消费者模仿其成员的行为。

6. 自觉群体与回避群体

按照消费者对群体的态度不同可以划分为自觉群体与回避群体。自觉群体中的消费者根据自身条件在主观上把自己列为其成员，这类群体中的消费者通常会自觉地约束自己的行为，使之符合群体的规范。回避群体是指消费者认为自己与其完全不符并极力避免与之行为相似性的群体。例如，高收入者对低收入者的消费行为，成年人对于青少年的消费行为等都在一定程度上采取回避态度。

4.4.3　研究群体消费者的意义

消费者群体的形成不仅影响着消费活动，也对企业生产经营和社会资源分配都有重要的影响。企业的生产经营以消费者的消费活动为导向，群体消费活动能够调节、控制消费活动，有利于调控消费市场。

1. 经营导向

消费者群体的消费活动对于企业生产经营具有导向作用。市场根据消费者群体的分化进行准确地分化，避免因目标不清晰而进行盲目经营从而提高经济风险。消费者群体的形成能够为企业提供明确的目标，企业确定目标消费群体，根据其消费需求、消费习惯、消费心理合理制定经营策略，提高经济效益。

2. 消费导向

消费者群体的形成对于消费活动具有调节、控制的作用。当消费活动作为群体活动发生时就超出了个人活动范围，而具有了社会意义。相较于消费者个体的单独活动，群体消费者的活动不仅会对个体消费产生影响，还能够调节社会消费活动，促使社会消费向良性发展，将使消费活动的社会化程度大大提高，而消费的社会化又将推动社会整体消费水平的提高。

3. 群体消费调控

消费者群体的形成对消费市场宏观调控起着积极的作用。有关部门借助群体对个体的影响，对消费群体中有影响力、代表性的个体进行约束、引导，从而对群体消费者整体进行监管、调控，使其向健康的方向发展。

案例　**"喜茶"贴合新一代年轻人的消费心理**

喜茶 HEYTEA 成立于广东江门，2012 年 5 月 12 日，首店于广东江门一条名叫江边里的小巷开业，成立之初喜茶主要分布于珠三角地区。2017 年 2 月，喜茶进入上海市场，引发轰动效应。喜茶平均单月单店营业额为 100 万元，最低的门店也可达到 50 万元。喜茶的成功并非偶然，开店之初创始人就将新一代年轻人作为目标人群，以"茶饮的年轻化"为目标，贴合国内新兴的饮品市场，融入潮流因素，并努力创新研发新兴产品，首创"芝士奶盖"，并不定时推出时令新品，通过富有创意的饮品名称取代常见的名称，抓住新一代消费者眼球，使产品区别于市场上大众化奶茶类饮品，引领新的消费潮流。图 4-21 所示为消费者在喜茶门店排队购买。

图 4-21　消费者在喜茶门店排队购买

✎ **课堂讨论:** 思考你属于哪些消费者群体?

4.5 消费者群体对消费者的影响

不同的消费者群体有不同的内部规则，只有符合规则的消费者才能成为群体的成员，消费者群体通过内部规范、内部沟通、从众心理等方式对成员造成影响，使其不断同化。

4.5.1 消费者群体对成员的影响方式

不同的消费群体内部有不同的消费群体影响成员的主要方式包括：消费群体内部规范、消费群体内部沟通、消费群体内部从众心理。

1. 消费群体内部规范

消费群体的内部规范有成文和不成文两种形式。所谓成文的规范，包括法律法规、规章制度等强制性行为准则。例如，按照区域划分为不同的消费群体，不同的国家、地区对于经营者和消费者有不同的法律要求，在内地不被允许的经营项目在港澳地区获得准许。不成文的规范则以约定俗成的道德要求、行为准则为主，如不同地区的风俗习惯。图 4-22 所示为某明星直播带货。

图 4-22 某明星直播带货

2. 消费群体内部沟通

同一消费群体内部由于消费心理、消费行为等多方面的相似性，消费群体成员内部之间的沟通、交流影响其他成员的消费活动。消费者在购买、使用产品后，对产品质量、使用体验等进行评价，并向其他消费者展示、传播，某一产品的潜在消费者在购买产品之前通过线下或线上方式了解该产品，也会受到群体消费内部其他成员的影响。

图 4-23 所示为某产品的评价界面，可以看到许多消费者对该产品进行打分与评价，这些评价为后续用户提供了参考价值，属于消费群体内部沟通。

| 商品介绍 | 规格与包装 | 售后保障 | 商品评价(100万+) | 本店好评商品 | 加入购物车 |

商品评价

好评度 **98%**

非常可口(129) 生活方便(100) 清香扑鼻(61) 颜值爆表(42) 宝贝漂亮(23) 安全放心(21) 工艺精致(17) 做工精致(16)

材质一流(5) 安心可靠(2) 分量充足(1) 无添加吃着放心(1)

图 4-23 某产品的评价界面

3. 消费群体内部从众心理

在消费群体内部有一些成员具有突出的影响力，他们的消费方式受到其他消费者的效仿，甚至引起消费热潮，这些成员一般具有一定社会影响力，在某领域具有较高知名度。例如，在网络购物直播中，主播利用消费者的从众心理进行促单，不少直播间采取限时、限量的销售方式，并且在商品上架后实时播报商品库存，造成顾客竞相购买的表象，调动消费者的积极性，促使消费者迅速做出决策。即使没有名人效应，当消费群体内部超过一定比例的成员出现相似的消费行为，也会引起其他成员的模仿，这基于人们的从众心理。

4.5.2 消费者群体对成员的影响

消费者群体是由其成员组成，成员之间存在共性的同时也存在着差异，群体的存在控制成员间的差异在一定范围之内，不断对成员造成影响，主要表现在以下三方面。

1. 形成示范效应

消费者群体中具有较强影响力的成员的消费态度和消费习惯会对其他消费者造成。尤其对于自觉群体中的成员，为表明自己属于某一群体，能够自觉、自愿按照群体内部成员的特征进行模仿性消费。如某明星代言（或推荐）某款商品，其粉丝群体为表明自己的粉丝身份，会主动购买该商品，甚至会发生购买商品数量越多其他粉丝对其认可度越高的情况。图 4-24 所示为某明星代言。

品牌与头部 KOL 联名共创是近年常见的 KOL 营销模式之一，联名款的产品形式多样，消费者对产品实用层面的要求降低，头部 KOL 巨大的社会影响力形成示范效应，消费者出于信任追随进行购买，促使粉丝的高效转化。

图 4-24 某明星代言

2. 提供选择模式

消费者群体中大部分消费者的消费模式，即该群体提供的选择模式，选择模式可以是单一的，也可以是多样的。消费者在这些模式内进行选择，一方面强化了其群体属性，另一方面肯定自己对于商品的态度。特别是对于某些缺乏消费经验的成员，他们判断能力较弱，常摇摆不定，不能确定购买哪种商品更加合适，这时群体提供的选择对他们大有帮助。例如，人们在购买从未体验过的商品时，往往选择销量高、口碑好的商品。

3. 促使成员行为一致

消费者群体中的消费者在某些方面具有相似性，因而形成消费者群体，群体的内部示范、沟通都必然会导致消费者行为逐渐趋于一致化。例如，网络语言环境下，网络用户自行创造出一套适用于网络交际场景的网络用语，这些网络用语大多数仅用于网络语言环境，在群体内部流传。再例如，父母对儿童兴趣班的选择往往参照其他父母，年轻女性购置衣物时会紧跟当季流行趋势或模仿其他女性。

案例　彩妆品牌迎合女性消费者群体

女性消费者群体数量庞大，以我国为例，女性消费者占总消费者人数的一半以上，其中对消费活动影响较大的为中青年女性，年龄在 20 岁至 55 岁。相较于男性消费者群体，女性消费者群体更加注重商品的外观和情感传达，在消费活动中容易受感情的支配和影响，产生临时的、冲动的消费行为，但这并不意味着女性消费者对于产品的要求降低，相反，女性消费者在购买商品时挑选更为细致，挑选时间较长。同时，女性消费者群体还表现出较强的自尊心，希望通过消费活动得到认可和尊重。

随着女性购买能力的提升和社会地位的提高，女性消费者群体越来越受到商家和市场的重视。针对不同年龄段的女性消费者群体，商家迎合其特点设计不同的营销手段。以大学生为主体的青少年女性购买力有限，她们购买前往往货比三家，国产彩妆类品牌，如"橘朵""完美日记"等，利用低价位、精致包装、大牌"平替"等卖点吸引青少年女性消费者，并通过内部具有一定影响力的成员进行正面宣传、传播，达到营销目的。图 4-25 所示为某国产品牌彩妆礼盒。

图 4-25　某国产品牌彩妆礼盒

课堂讨论： 商品应该怎样利用消费者群体对个体的影响进而扩大知名度，增加销售额？

4.6 不同消费者群体的消费心理及行为特点

按照年龄、性别、收入的不同将消费者群体划分为不同的类别，不同的消费者群体有着不同的消费心理和行为特点，这些消费心理和行为特点影响着消费者的消费活动。按照特点分类更加直观、清楚地了解不同消费者群体的差异。

4.6.1 不同年龄消费者群体的消费心理及行为

按照不同年龄段划分，可将消费者群体分为少年儿童消费者群体、青年消费者群体、中年消费者群体、老年消费者群体。

1. 少年儿童消费者群体

年龄在 15 周岁以下，这一阶段的消费者群体处于心智快速发展阶段，以模仿性消费为主，逐步向个性消费发展，少年儿童逐渐发展出社会意识，为满足其社会意识发展出相应的消费需求，由家庭环境影响的消费行为向社会影响转变。

因这一群体内部成员身心特点差异较大，不同的年龄存在不同的消费心理和消费行为，因此针对这一群体的市场营销更加灵活，年龄划分更加细致，面对不同年龄段的对象设计不同的营销策略。总体来说，这一消费者群体感性大于类型，更容易被其他消费者影响，突出的商品形象或反复灌输提高识记程度能有效地吸引其消费。图 4-26 所示为儿童玩具。

图 4-26　儿童玩具

2. 青年消费者群体

年龄在 16 周岁至 40 周岁的消费者群体，具有社交需求突出、消费观念变化快、消费行为影响力大等特点。这一阶段的消费群体求新求异、追求个性，注重时尚和品牌，消费欲望强，同时消费倾向于感性，冲动消费时有发生。

大学生消费者群体是青年消费者群里中的主要群体，大学生具有一定的经济自主权，关注潮流动向，对于时尚热点敏锐度高、接受力强，愿意接受新商品和新的购买方式，同时大学生群体内部沟通效率高，对消费的影响不仅通过亲友等亲密关系小范围推荐，也会通过社交平台等大面积传播。对于这一阶段的消费者群体，时尚感、特异感不可或缺，避免商品的同质化，以满足消费者个性化的心理需求。

3. 中年消费者群体

年龄在 40 周岁至 60 周岁，这一阶段的消费者群体较于前两个阶段向理性消费发展，对于消费行为更加谨慎，消费稳定，计划性、目的性强，对于商品的价格敏感度较高。

中年消费者群体更注重商品的实用性、便利性，注重商品价格与品质之间的关系，换言之，性价比高的商品更能吸引这一阶段的消费者。虽然中年消费者收入稳定，但因为家庭的负担直接用于个人的支出并不多，而更多用于父母、子女或家庭消费。

图 4-27　某品牌老年鞋

4. 老年消费者群体

年龄在 60 周岁以上，更注重商品的实用性、便利性和安全性，消费渠道单一，倾向于线下消费。

针对老年消费者的消费特定，商品一方面应兼顾便利性和安全性，另一方面附加的服务也能有效吸引老年消费者。另外，对于老年消费者群体的营销活动不局限于老年消费者本身，还应注重对其子女或亲属的宣传和推销。图 4-27 所示为某品牌老年鞋。

4.6.2　不同性别消费者群体的消费心理及行为

按照不同性别划分，可将消费者群体分为女性消费者群体和男性消费者群体。

1. 女性消费者群体

女性消费者群体有许多显著的特征，包括爱美心理、情绪消费、内部传播、注重细节和价格敏感等。

（1）爱美心理

女性具有强烈的对于美的追求，相较于男性，审美更加多样，更容易被外表、色彩吸引。在进行消费行为时，女性不仅考虑商品的实用性，也注重商品的外表、款式、包装，独特的商品设计和富有审美情趣的细节更能打动女性消费者。

（2）情绪消费

女性消费者情感丰富，具有较强烈的情感特征。在消费活动中，相较于男性消费者，女性消费者更倾向于感性消费。随着女性社会地位的提升和可支配收入的增加，女性消费者的个性倾向越发强烈。通过消费活动，女性消费者希望获取尊重和满足，追求个性化的商品和服务，以提升社会形象。

（3）内部传播

女性消费者进行消费之前倾向于通过多种渠道了解商品，而不只是通过商家的广告推销，女性内部的口碑传播或她们信任的具有影响力的名人进行的推荐效果远大于商品直白的广告。

（4）注重细节

女性消费者对细节的观察更加细致，要求也更加严格。诚意的细节会使女性消费者对商品的好感增加，相反，细节之处不符合她们的心理预期也会使其放弃消费。

（5）价格敏感

价格的影响对于女性消费者更加明显，各电商购物节、促销活动主要以女性消费者为主体设计，迎合女性消费者心理推出降价、附赠品等优惠活动，促使女性消费者购买

2. 男性消费者群体

男性消费者群体在购买力方面低于女性，消费品种类多样性少于女性，对于男性消费者来说，习惯性购买多于多样化购买。多数男性消费者不会花过多时间在挑选商品上，对促销活动不敏感，优先选择知名度高或价格占优势的商品。因此在针对男性消费者进行营销宣传应着重提高品牌曝光率，精准投放广告，迎合男性消费者审美优化产品包装、外观。

4.6.3　不同收入消费者群体的消费心理及行为

按照收入高低划分，可将消费者群体分为低收入消费者群体、中等收入消费者群体、高收入消费者群体。

1. 低收入消费者群体

低收入群体消费需求以食品为主，恩格尔系数高。恩格尔系数指居民家庭中食物支出占消费总支出的比重。收入越高，恩格尔系数越低，二者成反比。低收入家庭食物支出占比高，其他消费占比低，消费者特别强调商品的实用性，一般不会冲动消费，消费行为具有目的性和计划性。在选择商品时看重商品价格是否低廉，促销活动对其吸引力更大。图 4-28 所示为恩格尔系数与收入曲线图。

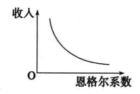

图 4-28　恩格尔系数与收入曲线图

2. 中等收入消费者群体

在社会层次方面，中等收入群体大多有相对体面的工作，受教育水平较高，收

入稳定，主要收入来源为工资性收入，因此中等收入群体在消费方面已经由基本的生存型消费向发展型消费靠拢，具有购置车产、房产的能力，有一定的财产积累，并且逐渐趋于享受型消费，表现为文化娱乐支出和高档消费品支出占比增大。价格低廉已不足以打动中等收入消费者群体，更高品质、更具个性的产品对这一群体吸引力较大，但在购物时性价比也是他们考虑的重要因素之一。在这一群体中，存在相当数量的成员追求生活享受，但也有相当一部分成员因为家庭的负担倾向于稳定性消费。

3. 高收入消费者群体

高收入人口在总人口中占据少数，该群体属于非价格主导性群体，比起价格他们更在乎商品品质和品牌形象，某些情况下他们更在乎商品为自己带来的附加值而不是商品本身，如购房已经不局限于自住，而是包含了投资和升值的作用，服装和配饰除去基本功能，更多的是通过其款式、品牌显示身份和地位。这类群体不会轻易被广告打动，消费更加独立、理性，对商品各方面的要求十分严格。

案例　中老年"补办"婚礼热

21 世纪以来，社会经济发展，人民生活水平飞速提升，人们对于仪式感的追求更胜于以前。当代年轻人结婚几乎必不可少地拍婚纱照、举办结婚仪式、度蜜月，而这些在经济落后的年代没有条件完成。随着生活水平的提升，人们的消费需求发生了改变，一些从旧时代走来的老年人也开始"补办"婚礼。婚礼"补办"并不只是举办结婚仪式，还涉及拍婚纱照、购买戒指、首饰、蜜月旅行等一系列年轻人结婚的事项。"补办"婚礼一方面是弥补过去的遗憾，另一方面是出于子女的要求。商家抓住该消费热点，如某影楼推出中老年婚纱照套餐，区别于普通的婚纱套餐，其中婚纱、西服专为中老年伴侣，还附赠全家福拍摄，充分满足老年消费者群体的心理。图 4-29 所示为老年婚纱照。

图 4-29　老年婚纱照

🖋 **课堂讨论**：思考你属于哪一类消费者群体，并结合个人体验阐述这类消费者群体还有哪些消费心理与行为。

4.7　本章小结

本章首先对网络用户的心理及行为特征进行分析，描述了网络用户在性格和行为特征的独特性，进而解释了消费需求和购买动机的内涵，详细描述其分类。接着，对消费者群体进行解释划分，阐释消费者群体对其成员的影响。消费需求是消费者对于消费品的意愿和欲望，购买动机是人们购买行为的驱动力，不同的群体因其生理、心理特征不同，有着不同的消费需求，不能一概而论。根据用户的行为变化分析用户需求变化，根据用户需求及时进行调整。当真正了解不同用户群体不同的需求后，才能找到解决的方案，有针对性地解决用户的需求，创造价值。

第5章 网络消费者行为的影响因素

消费者行为学是一门重要的学科，无论我们进行广告创意、市场营销还是其他的品牌创建活动，都要以消费者的行为作为依据，这就奠定了消费者行为学在这些学科体系中的基础性地位，同时这也意味着我们可以借鉴相关学科的理论知识和研究方法来对消费者行为进行探索和研究。我们对消费者行为进行研究的主要意义在于为营销决策提供导向、为消费者权益保护和相关政策的制定提供依据；同时也为消费者的消费决策行为提供帮助，这也是我们本章学习的主要目标。

影响消费者行为的因素有很多，总体来说包括内在因素和外在因素，也可以说是消费者个体因素和环境因素。顾名思义，内在因素是指消费者在消费前、消费中以及消费后所掌握的产品知识、决策过程、消费态度等一系列的消费相关性行为，而外在因素则是指品牌方的营销行为、消费情景、社会文化环境等一系列的外在的影响消费者具体消费行为的因素，外在因素往往是通过内在因素来起作用的，我们要在此基础上展开对于消费者行为的综合性分析，以便更全面地去了解消费者。

互联网的发展尤其是移动互联的迅速普及，给消费者的行为带来了很大的影响，从根本上改变了消费者的决策过程、消费体验以及品牌认知等方面的实践，相应地，品牌主的市场营销行为也据此做出了调整，从而形成了新的消费环境，我们要对网络的发展有一个清晰的认识，与消费者行为的研究相结合，丰富学科体系同时更好地指导实践。

本章我们从影响消费者行为的因素出发，对消费者的行为进行全面地了解。

5.1 消费者行为的含义

作为消费者，我们每天都有各种各样的消费行为，有的消费行为平淡无奇，但有的消费行为让我们自己都弄不清楚，复杂又深奥。想要对消费者的消费行为展开全面的分析，首先要了解消费者行为的含义，这样我们才能明确影响消费者行为的因素具体有哪些，从而有针对性地制定营销策略，引导消费行为。那么，消费者行为有哪些含义呢？

5.1.1 消费者的概念

消费者（consumer）是消费行为的主体，具体是指为满足消费需求从而购买各种产品与服务的个人或组织。通过这个概念可以看出，消费者是以满足需求而进行消费活动的个人或组织，即满足需求是进行消费活动的主要目的，也是研究消费者行为的重要内容，所有与消费行为相关的研究都是围绕需求的满足来进行的，不同的消费行为也是为了满足不同层次的需求。

5.1.2 消费者行为的概念

消费者行为（consumer behavior）是指消费者为获取、使用、处置消费物品或服务所采取的各种行为，包括先于且决定这些行为的决策过程。通过这个概念可以看出，消费者行为不仅局限于肉眼所能看到，还包括很多的心理活动。总体来说，消费者行为至少包含以下三个含义。

（1）消费者行为是多层次、动态变化的，消费者的消费活动会不断受到自身心理、经济水平以及社会环境等因素的影响；

（2）消费者行为不仅仅是一个简单的购买行为，同时，它还包含了感知、认知、行为以及环境因素的互动结果；

（3）消费者行为涉及交易，而市场营销的作用就是通过系统地制定和实施营销战略与策略，制造与消费者的交易。

案例 星巴克"猫爪杯"大受欢迎

2019年2月26日，星巴克线下门店限量发售"猫爪杯"。按照星巴克的计划，2月26日至2月28日，每天上午10点限量销售500个猫爪杯。发售当天，已有人搭起帐篷彻夜苦守，有人在星巴克门店前苦苦排队几小时……即使这样，也不一定能买到。实际上，早在发售前两日，星巴克猫爪杯发售、杯身独特设计等相关消息已在微信、微博、抖音等媒体传播开来，甚至在抖音平台上，猫爪杯在发售前已成为追捧的"网红"款。因此，这款早已在网络上走红的杯子毫无意外地受到众人的青睐。价格从最初的199元炒到700～1000元，即使有人愿意以3倍的价格购买，仍一杯难求。随后，有人在微博上传了两人为争夺猫爪杯在星巴克店内大打出手的视频。网友感叹："这不是杯子，这是'圣杯之战'，是败者的鲜血，是胜者的奖杯。"之后，星巴克不得不调整销售方案，但消费者想购买到这款杯子依旧十分困难。为什么猫爪杯被抢购？正是因为其贴合了消费者心理。乍一看，这款猫爪杯拥有粉嫩的外表，以樱花点缀，可爱还非常有"少女心"。奇妙的是玻璃杯内壁为猫爪造型，当把牛奶或椰汁倒入杯子内，它立马呈现出一只肉嘟嘟的悬空猫爪，这个肉爪粉嫩有光泽，真是又萌又有趣。星巴克营销的成功，正是由于抓住了消费者的心理，从而引导着消费者的消费行为。

图5-1所示为星巴克"猫爪杯"。

图5-1 星巴克"猫爪杯"

🔍 **课堂讨论**：结合个人体验，考虑还有哪些因素会对消费者的行为产生影响？

5.2　消费者态度及影响因素

消费者态度是影响消费者消费行为的重要因素，很多营销行为的目的也就在于通过产品信息的传递，改变消费者对于产品和品牌的态度，从而影响消费体验和消费行为，达到产品销售和品牌塑造的目的。

5.2.1　消费者态度的含义及构成

态度是指人们对于事物持有的肯定或否定、支持或反对等的心理和行为的倾向，一般而言，态度并不是与生俱来的，而是后天在实践中获得的，一经形成就具有相对持久性和稳定性的特点。

消费者态度是指消费者对产品、品牌、服务等所持有的正面的或负面的认识上的评价，情感上的感受和行为上的倾向。消费者的态度具有四种功能。

（1）效用功能：一般而言，消费者态度能使其在消费活动中更好地适应消费环境和趋利避害，利用态度的变化使回报最大化，而使惩罚最小化；

（2）自我防御功能：消费者态度可以帮助消费者形成关于特定产品、品牌或服务的态度，进而帮助个体去回避那些不想购买的产品或不想接受的产品信息，以此来保存个体的精力；

（3）知识或认识功能：在购买活动中，消费者态度有利于对产品的认识或理解，从而可以帮助个体进一步理解消费环境，做出消费决策；

（4）价值表达功能：价值表达功能是指消费者通过态度表现出的性格、兴趣、价值观或自我概念，同时反映消费者可能选择的决策方案和即将采取的购买行动。

既然消费者态度有这么重要的功能，那么消费者的态度具体是由哪些方面构成的呢？具体来讲，由三部分构成：认知、情感和行为倾向。

（1）认知：认知是指消费者对产品或品牌的认识、理解和评价。在消费活动中，消费者通过感觉、知觉、思维等认知活动，逐渐形成了对商品优劣、好坏、高低档等的认识与评价，认知活动直接影响消费者态度的倾向或方向，是态度形成的基础。

（2）情感：情感是指消费者在认知的基础上对客观事物的情感体验，由情感体验而产生的情感构成态度的核心。情感表现了消费者对商品的喜爱、厌恶、抵制、满意或不满意的情绪，和消费者的行为紧密相连

（3）行为倾向：行为倾向是指个人对态度对象的肯定或否定的反应倾向，即行为的准备状态。通常，消费者对某些商品或服务有喜爱的倾向，就会导致购买行为的产生；反之，则不会导致购买行为的产生。

图 5-2 所示为消费者态度的构成。

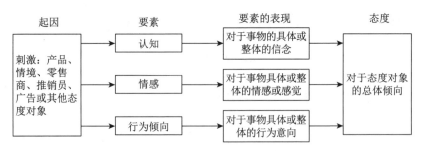

图 5-2　消费者态度的构成

5.2.2　消费者态度的形成

关于消费者态度的形成有很多讨论，这些讨论在一定程度上也暗示了影响消费者行为的因素。消费者行为的影响因素多种多样，这主要是由社会环境的复杂性和消费者个体的复杂性来决定的，关于消费者态度形成的理论大致包含以下几种。

（1）学习论：消费者的态度是后天习得的，主要通过消费活动中联想、强化和模仿三种主要的学习方式获得并发展。

（2）诱因论：消费者态度的形成往往是在综合权衡利弊之后来做出的选择，各种消费信息的诱导是判定利弊的重要标准。

（3）认知相符论：消费者的消费信念或消费态度如果与其自身的消费行为发生矛盾，就会存在一种内在的力量，这种力量会推动其进行自我调整，从而恢复认知上的符合一致。

（4）自我知觉论：在消费活动中，我们往往并不知道自己的真实态度，此时通常根据自己的行为或行为发生的环境对我们所持的态度进行推断。

（5）认知反应论：这一理论强调市场营销的重要作用，认为市场营销活动对于消费者态度的形成有重要的影响，消费者会对市场营销信息进行积极的回应，认为消费者对营销信息的思考或认识反应会影响其态度。

这些理论反映了消费者态度形成的复杂性和多层次性，无论是消费者个体因素、社会环境因素，还是市场营销因素等都会对消费者态度的形成起到一定的作用，我们对消费者行为进行探究，一定要考虑到多方面的因素。

🖋 **课堂讨论**：消费者态度形成理论有哪些共性？我们该如何理解消费者态度的形成？

5.2.3　消费者态度的影响因素

我们对消费者的态度进行研究，目的在于了解消费者态度的形成机制，从而进一步明确是哪些因素影响了消费者的态度，在对消费者态度进行把握的基础上，研究消费者接下来的消费行为，影响消费者态度的因素主要有以下几个方面。

（1）消费信息的性质和程度：在消费活动中，认知是构成消费者态度的基础，消费者如果认为信息真实，并且信息的内容和自己原有的倾向或价值判断一致，那么就会对新接触的信息产生满意或肯定的态度；反之，则会产生不满意或否定的态度。

（2）需求的满足程度：消费者对能够满足消费需求的消费品，往往持满意的态度，而对不能满足需求的消费品，就持不满意甚至否定的态度，而需求是否得到满足往往是以消费者的感知来判定的。

（3）社会文化环境：人是社会性的主体，消费者所处的社会文化环境，所属的文化、民族、亚文化等因素对消费态度有着重要的影响，主要表现在对产品类别、属性、色彩等方面的选择上。

（4）消费者自身的消费经验：在实际生活中，消费者会从购买的商品中获得新的认知和体验，并将其与以往类似的消费经验进行比较，从中发现异同之处，进而形成满意或不满意的态度。

（5）企业促销和推广策略：消费者通过企业的品牌营销活动等可以推断这个企业的产品、质量、定位等方面的信息，从而形成对企业或品牌的好恶。

案例　心理学家费斯廷格的实验

当认知、情感、态度不一致的时候，我们会如何反应？来看看著名心理学家费斯廷格的实验吧！参加实验的人们被随机分成了两组，这两组成员都要完成一项十分枯燥无趣的任务：绕线圈。一组成员在完成这项任务后会得到 20 美元的报酬，另外一组比较惨，只能得到 1 美元的报酬。这时，实验室的工作人员会故意称自己有事离开，当完成任务后，两组成员被要求就刚才完成任务时的心态进行交流，得到 20 美元报酬的人将此项工作描述为一项无聊的工作，而得到 1 美元报酬的成员则将此项工作描述为一项有意义的工作。

实验结果显示：总体上而言，得到 1 美元的人们，对任务的评价比得到 20 美元报酬的人们要高。这是不是很奇怪？其实，这就是我们对于认知失调的应对：如果说 20 美元还可以让我们为了钱而做一些自己不喜欢的事情，那么显然，1 美元的报酬无法激发较强的动机来完成一项枯燥无聊的任务。但是任务已经完成了，从认知上来讲，1 美元组的人们无法对自己已经进行的行为进行解释。于是只好改变自己的想法：参加实验不是为了金钱，而是因为有趣。也就是说，当我们的认知和行为发生冲突的时候，为了改变这种失调的状态，人们不得不对自己态度中的某一要素做出调整，来达到平衡。

课堂讨论：消费者态度如何影响消费行为？

5.3　消费者购买意愿及影响因素

购买意愿是衡量消费者是否会产生进一步购买行为的重要指标，基于意愿基础上的购买行为研究已经在市场营销学中发展了 20 多年，实践证明用购买意愿预测消费者未来的购买行为是非常有效的。

5.3.1　消费者购买意愿的含义

购买意愿是指消费者愿意采取特定购买行为的概率，是消费心理的表现，是购买行为的前奏。对消费者的购买意愿进行调研是制定市场营销策略的重要依据，对于消费者购买意愿的研究主要有以下几种研究方向。

（1）基于消费者态度的购买意愿研究

消费者态度是指对消费者某一产品或品牌所持有的赞同或反对的情感，消费者对产品或品牌的态度倾向会影响其行为意愿。

（2）基于感知价值最大的购买意愿研究

感知价值是指消费者对产品所能感知到的利得和其在获取产品时所付出的成本进行权衡后，对产品或服务效用的总体评价。感知价值和购买意愿具有正相关关系，消费者在做购买决策时，会选择感知价值最大的方案。

（3）基于感知风险最小的购买意愿研究

相对于追求价值最大化的正向购买决策原则，追求感知风险最小化则是一种逆向决策原则，消费者购买时会选择感知风险最小的方案。感知风险的测量往往有两个维度：不确定性和不利的后果。不确定性是指消费者对产品本身的性能等属性不明确；不利的后果是指购买产品后，会带来的时间、货币、心理等损失。

（4）基于计划行为理论的购买意愿研究

消费者计划行为理论包含四个层次：第一个层次是消费者的消费行为。第二个层次是消费者的购买意愿，这直接决定了消费者如何采取消费行为以及采取特定消费行为的可能性的大小。第三个层次是影响消费者购买意愿的因素，包括消费者对产品的态度、主观规则、知觉行为控制。第四个层次是对以上态度、规则、判断等诸方面产生影响的因素进行分析。

图 5-3 所示为常用的购买意愿调研工具。

图 5-3　常用的购买意愿调研工具

🔨 **课堂讨论**：如何设计消费者意愿调研问卷？

5.3.2　消费者购买意愿的影响因素

消费者的购买意愿是评判消费行为能否发生以及产品是否能满足消费者需求的重要因素，影响消费者购买意愿的因素有很多，这些因素是我们洞察消费者行为的重要依据，也是设计消费者意愿调研问卷的重要指标。

（1）消费者个体特征：消费者的个体特征是细分消费群体最明显的变量，在设计调研问卷时，一般要考虑的因素有消费者的性别、职业、收入、年龄、教育水平等，其他因素则根据研究内容和目的加以取舍。

（2）产品内部线索：产品的内部线索是指与产品的使用价值相联系的属性。消费者采取任何购买行为，都是为了获得自己需要的产品以满足自己的需求，产品的使用体验会直接影响购买意愿，包括产品自身的价值、使用价值、质量特性等。在实际调研过程中对不同品类的产品也有所分类，一般来讲，耐用品的内部线索一般指质量、性能、可靠性等指标；对食品则指口味、营养价值等。

（3）产品外部线索：产品的外部线索是与内部线索相对而言的，指与产品自身属性无关的外部因素，比如价格、品牌、保证等。其中，品牌是当前重要的外部线索，品牌主做市场调研的目的也在于为品牌的创建来服务，产品外部线索是调研的重要方面。

（4）消费情境因素：消费者的购买决策会随着所处情境因素的变化而变化，商店的设计、渠道因素、周围环境、商店氛围和对售货员的感觉等消费情景因素会直接影响顾客的购买意愿。

（5）社会经济因素：市场需求是由多种因素共同决定的，包括宏观经济水平、微观经济发展等一系列的因素，也是影响消费者购买意愿的最复杂的因素。在对消费者消费意愿进行调研时，要全方位地考虑社会经济方面的因素。

图 5-4 所示为消费者购买意愿调研的指导用书。

图 5-4　消费者购买意愿调研的指导用书

✎ **课堂讨论**：如何提升消费者的购买意愿？

5.4 消费者网络采纳行为及影响因素

网络的产生与发展，不仅使人们的沟通交流更加方便迅捷，而且随着电子商务这一代表网络经济的新型交易手段的产生，网络消费也越来越为人们所熟悉，这从根本上促进了消费者消费观念、消费形式、消费角色以及消费行为的变化，从而在消费需求、购买动机、决策过程等网络消费心理和行为方面表现出突出的特征。

5.4.1 消费者网络采纳行为的含义及特征

消费者网络采纳行为是指消费者在网络接触过程当中，对于消费信息的感知、接触、记忆等活动，对于消费信息的采纳直接影响到接下来的消费行为。随着网络的发展以及对于人们生活的渗透，网络消费在消费者生活中的比重越来越重，网络采纳行为也呈现出一定的新特征。

（1）个性化消费：随着消费社会的发展和网络消费的便捷化，消费者能够随时随地自己掌控购物，因此消费者更加强调个性化、定制化的产品和服务，在购物过程中能充分感受到购物的自由，同时也更愿意相信众口相传的口碑产品，相信潮流的审美，而不是被品牌商的营销"牵着鼻子走"。

（2）产品周期缩短、更新速度加快：网络消费者经常使用手机进行购物，这意味着消费者购买之旅往往是从移动设备开始的，包括搜索产品和购买产品等各种购物活动。因此，移动设备无疑是消费者购物习惯的发展趋势，这就加快了产品的更新速度。

（3）追求购物效率和体验：现实生活中，网络消费者的构成以中青年消费者为主，中青年消费者大多工作繁忙，且经济状况较好，他们愿意为节省时间的产品和服务买单。因此，产品更新的速度、物流的速度成为影响消费者网购的关键因素。

图 5-5 所示为常用网络购物平台。

  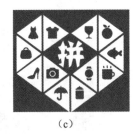

（a）　　　　　　　　（b）　　　　　　　　（c）

图 5-5　常用网络购物平台

（4）购物场景多元化：网络消费最显著的特征就是场景的多元化，由于手机购物的普及，消费者网购可以在任何场所发生，无论是上下班的路途中、度假中，还是居家等，任何有需要的时候都可以发起购物，网购平台的普及打破了购物的时空界限。

图 5-6 所示为手机淘宝登录界面与主界面。

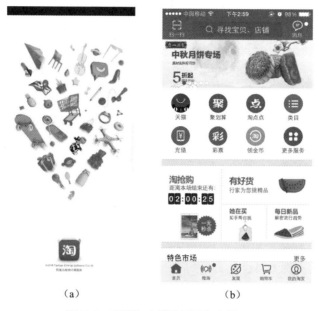

（a）　　　　　　　　　　　（b）

图 5-6　手机淘宝登录界面与主界面

课堂讨论： 网络消费者行为与传统消费有何不同？网购对你的生活产生了哪些影响？

5.4.2　消费者网络采纳行为的影响因素

网络消费中，网络是实现消费的工具和渠道，是最重要的基础设施。如果没有足够的网络基础设施覆盖，网络消费将受到严重的限制。如今 5G 时代的到来，为网络消费的发展奠定了更加坚实的基础。除此之外，影响网络消费行为的因素主要有以下内容。

1. 外在因素

（1）经济因素：无论是传统消费还是网络消费，经济因素是影响消费者行为的一个基本因素。当一个社会经济繁荣时，消费者的收入增加，可支配收入增多，消费水平会提高；反之，当经济衰退时，随着收入减少，人们会节约开支，消费水平自然也就降低。

（2）社会文化因素：消费者的网络消费行为与社会文化环境也有一定的关系，研究表明中国人网购热情非常高，喜欢在网络上购买商品，这一定程度上也反映了我国社会的文化和社会特点，消费者尤其是青年消费者喜欢追赶潮流。

（3）政策因素：政策因素包括国家政策、法律法规、行业法规等对网络消费行为产生的影响。例如，《中华人民共和国消费者权益保护法》明确规定消费者在网络购物中有权自收到商品之日起七日内退货，这大大提高了消费者对网络消费的信心。

图 5-7 所示为与《消费者权益保护法》相关的漫画作品。

（a）　　　　　　　　　　　（b）

图 5-7　与《消费者权益保护法》相关的漫画作品

（4）购物网站的属性：网络购物因为存在买卖双方之间的空间分离，从而使消费者对商品的感官体验和认知与实体店购物差别很大，因此，网店属性呈现信息的方式与效果成为消费者网购中重要的情境要素，对消费者的购买影响很大。

2. 内在因素

（1）个人因素：网络消费者行为还受到消费者个人因素的影响，包括消费者的收入、未来预期、职业属性、受教育程度、个性特征等，这些因素对于消费者行为的影响是潜移默化的。

（2）心理因素：对网络消费者行为影响较大的心理因素包括动机、直觉、学习、认知和态度。不同的动机造就了网络消费者的不同需求，而商品的在线评论则很可能影响网上消费者对该商品的认知和态度。制约网络消费者行为的心理因素主要有对配送和售后服务缺乏保障感、网上商店缺乏信任感、对价格缺乏透明感、对个人隐私和网上支付缺乏安全感等。

图 5-8 所示为京东商城对某服饰的商品评价页面。

图 5-8　京东商城对某服饰的商品评价页面

✎ **课堂讨论：** 结合自身网购经历，分析消费者的网络消费行为。

5.5　消费者购买决策及影响因素

消费者购买决策是指消费者寻求产品、品牌、服务等的信息，并对其进行判断、决定等一系列活动的过程，其目的在于用最少的付出获得利益的最大化。购买决策在消费者购买活动中居于核心地位，影响着消费者的消费体验和接下来的消费行为，因此，要对其进行全面的分析。

5.5.1　消费者购买决策的内容

消费者的购买决策包含 6 个方面的内容，具体是指购买主体（Who）、购买对象（What）、购买原因（Why）、购买地点（Where）、购买时间（When）和购买方式（How），也可以简称为"5W+1H"。

（1）购买主体：对产品产生需求、执行购买决策、从事购买活动的主体，也就是指消费者。

（2）购买对象：购买何种品类、品牌、性状的商品，这是购买对象的主要因素，也是决策的核心和首要问题。

（3）购买原因：即为什么要购买，是消费者消费动机的反映，往往以是否能满足消费者的需求为依据。

（4）购买地点：即到哪里去购买，与所购商品的性质、渠道的分布、商场的服务质量、交通便利情况等有关。

（5）购买时间：即什么时间购买，与消费者所购买商品的属性、需求程度等有关。

（6）购买方式：即如何购买，包括支付方式、交通方式、流通方式等。

消费者购买决策的内容有多个环节，这样决定了消费者决策行为的复杂性和多样性，对此我们要结合决策的过程加以分析。随着网络的发展，品牌主从消费者购买决策的角度出发，开始布局网络矩阵，通过网络营销来塑造品牌。

案例　**抖音短视频影响消费者购买决策**

2017 年 12 月，李子柒入驻抖音。2020 年 6 月，李子柒开通抖音小店，不到一年，李子柒品牌月度销售额已经稳定到千万元规模以上。与此同时，李子柒的抖音粉丝数突破 5500 万。以短视频和直播为代表的新内容给了电商新的获客路径，与此同时电商又给了这些内容新的变现方式。在李子柒之外，众多的商家品牌涌入抖音电商。除了因短视频平台而新兴的消费品牌外，传统品牌也进驻抖音电商寻求新的增量空间。2021 年 1 月份，小米 11 在抖音电商首发，雷军亲自坐镇，上市首月成交总额（GMV）近 2 亿元，带货量达到了 4 万单。放眼整个行业，在用户规模方面，根据中国互联网络信息中心 CNNIC 第 46 次中国互联网络发展状况统计显示，截至 2020 年 6 月，电商直播用户规模已达 3.09 亿，占网民整体的 32.9%，是 2020 年用户规模增长最快的垂直领域。在市场规模方面，根据前瞻产业研究院发布的报告，

2020 年直播电商整体规模突破万亿，而随着内容平台与电商交易的融合程度不断加深，2021 年直播电商规模扩大至 2 万亿元。

年轻消费者更习惯于通过短视频和直播平台"发现商品""产生兴趣"，愿意下单购买的消费者增长率也更高。欧莱雅旗下理肤泉品牌总监 Mary He 对此深有感触，"在碎片化的时代，消费者习惯是不可逆的——一旦消费者习惯看短视频、直播，就不太可能回去看图文了。这是一个不可逆的趋势。"因此，早在 2020 年 10 月，理肤泉就正式入驻抖音电商，通过抖音自播和达人推广，树立"敏感肌痘痘护肤专家"的品牌形象，并借助广告投放和营销活动迅速打开销量。目前，理肤泉的转化率高于行业平均水平，月直播销售额超千万元，稳居抖音电商美妆品类前三。除了用户的购买行为发生变化外，更重要的是用户消费心理的变化。

在广告咨询行业深耕多年，服务过众多品牌客户后，贝恩公司全球合伙人张婧发现新用户消费群体有如下差异化特征：第一，从"我要拥有更多"到"我值得拥有更好"。而且其中的好，不是别人说好，而是"我"要自己觉得好。第二，从产品功能性需求到情感需求。功能性产品接近饱和，甚至过剩，消费者最终决定购买哪家取决于哪家更能打动自己。第三，从价格驱动到心理驱动。商家销售额最高的时候，并不一定是促销当日，而可能是因为用对了达人、内容的那个时间点。截至2020 年 8 月，抖音（含抖音火山版）日活跃用户数量超 6 亿。作为互联网人群的重要聚集地，抖音已成为商家获客的新渠道。

5.5.2　消费者购买决策的过程

消费者购买决策的过程分为五个阶段，即需求确认、信息收集、评估选择、购买行动、购后反应，由此可以看出消费者的消费行为是在实际购买发生之前就已开始，并延伸到实际购买以后，这也启示营销人员应注意消费者决策过程的各个阶段，从而做出全方位的营销策略。

1. 需求确认

当消费者发现现实状况和期待状况之间有差异时，就会产生消费需求，当需求升高到一定阈限并得到购买能力支持时就变成一种消费冲动，进而引发接下来的消费行为。常见的引起需求的因素有以下几类：产品消耗、喜新厌旧、收入变化、环境的改变、产品更新等。

2. 信息收集

在意识到需求并产生购买冲动时，消费者就会主动进行信息收集，消费者信息来源有四类：人际来源、商业来源、公众来源、经验来源，不同信息来源对消费者的影响程度不同，消费者对信息的信任程度也是不同的，在消费者的信息接触过程中也处于不同的地位。

3. 评估选择

当消费者从不同的渠道获取到信息后，要对它们进行分析、评估和比较评估的标准包含三个方面：产品所具有的能够满足消费者需要的特性、产品不同属性的重要程度、信息的可信度。

4. 购买行动

消费者在进行前期的活动之后，就会根据前期的思考结果进行接下来的购买行为，购买行为受到现实的销售渠道、店面布置、服务质量等因素的影响，对消费者的满意度也产生重要的影响。

5. 购后反应

消费者的购后反应好坏通常会通过消费者是否满意表现出来，消费者满意是指消费者通过对一个商品的可感知效果与其期望值相比较后，所形成的愉悦的感觉状态。消费者不满意被认为是由于不满意的消费效果导致的一种消极反应。

图 5-9 所示为消费者购买决策的过程。

图 5-9 消费者购买决策的过程

5.5.3 消费者购买决策的影响因素

消费者购买决策的影响因素分为三类：个人因素、心理因素、社会因素。

1. 个人因素的影响

（1）稳定因素：指个人某些特征，诸如年龄、性别、种族、民族、收入、家庭、生活周期、职业等。稳定因素不仅能影响参与家庭决策者，而且影响人们决策过程的速度。

（2）随机因素：指消费者进行购买决策时所处的特定场合和具备的一系列条件，包括决策情景、生活环境、各种突发情况等，随机因素对消费者行为的影响，往往是多方面、不稳定的。

2. 心理因素的影响

（1）感觉：指不同人在不同时空或者同一个在不同时空对待商品或信息的感觉或认知，看待事物的角度不同结论自然也不同，感觉是消费者对于产品评价的重要来源，也是感知价值的直接来源。

（2）动机：动机是激励一个人的行动朝一定目标迈进的一种内部运力，在任何时候一个购买者受多种动机影响而不是仅受一个动机影响，不同动机能对购买决策的影响程度和影响方式也是不同的。

（3）经验：经验包括由于信息和经历所引起的个人行为的变化，营销策略制定者一定要洞察消费者的消费经验，结合消费者的消费习惯制定有针对性的策略。

（4）态度：态度由知识和对目标的积极与消极的情感构成，销售主体要尽力为消费者营造良好的消费体验，以便激起消费者积极的态度。

（5）个性：个性是和人们的经验与行为联系在一起的内在本质特征，每个人的内心世界、知识结构、成长过程都不同，对消费的决策也因人而异。

3. 社会因素的影响

（1）角色和家庭：每个人都扮演着多种角色，不同角色的决策过程也是不同的，同时，在家庭扮演的角色直接和购买决策联系在一起，不同角色有不同分工，共同完成家庭消费行为。

（2）相关群体：指个人对群体的认可，并采纳和接受群体成员的价值观念，态度和行为。有的群体对个人来说可能是消极的相关群体，有些人在一定的时候是某个群体的，但后来却拒绝这个群体的价值观念而不成为其中的一员。

（3）社会阶层：社会阶层是具有相似社会地位的人的一个开放的群体，开放指的是个人可以自由地进入和离开。他们具有相似的态度、价值观念、语言方式和财富，社会阶层对我们生活许多方面都有影响，同样可以影响购买决策。

（4）文化：文化是指人类所创造的物质财富与精神财富的总和，是人类劳动的结晶，包括有形的东西和无形的概念。文化在某种程度上决定了购买和使用产品的方式，从而影响到产品的开发、促销、分销和定价。

5.5.4　消费者购买决策的典型模式

消费者购买决策的典型模式有如下几种。

1. S-O-R 模式

S-O-R 模式即"刺激（Stimulus）—个体生理、心理（Organism）—反应（Response）"。该模式表明消费者的购买行为是由刺激所引起的，这种刺激既来自消费者身体内部的生理、心理因素和外部的环境。消费者在各种因素的刺激下，产生动机，在动机的驱使下，做出购买商品的决策，实施购买行为，购后还会对购买的商品及其相关渠道和厂家做出评价。

图 5-10 所示为 S-O-R 模式。

2. 科特勒行为选择模式

科特勒行为选择模式说明消费者购买行为的反应不仅要受到营销的影响，还有受到外部因素影响。不同特征的消费者，会产生不同的心理活动的过程，通过消费者的决策过程，导致了一定的购买决定。

图 5-11 所示为科特勒行为选择模式。

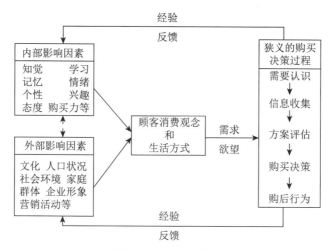

图 5-10　S-O-R 模式

图 5-11　科特勒行为选择模式

3. 尼科西亚模式

尼科西亚模式由四大部分组成：第一部分，从信息源到消费者态度，包括企业和消费者两方面的态度；第二部分，消费者对商品进行调查和评价，并且形成购买动机的输出；第三部分，消费者采取有效的决策行为；第四部分，消费者购买行动的结果被大脑记忆、储存起来，供消费者以后的购买参考或反馈给企业。

图 5-12 所示为尼科西亚模式。

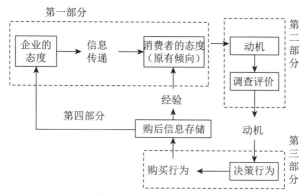

图 5-12　尼科西亚模式

4. 恩格尔模式（EBK 模式）

恩格尔模式分为 4 部分，分别是中枢控制系统、信息加工、决策过程和环境。

图 5-13 所示为恩格尔模式（EBK 模式）。

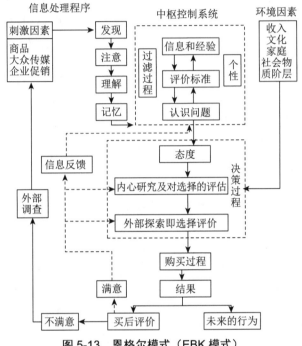

图 5-13　恩格尔模式（EBK 模式）

5. 霍华德-谢思模式

霍华德-谢思模式把消费者购买行为从四大因素去考虑，即刺激或投入因素（输入变量）、外在因素、内在因素（内在过程）、反映或产出因素。

图 5-14 所示为霍华德-谢思模式。

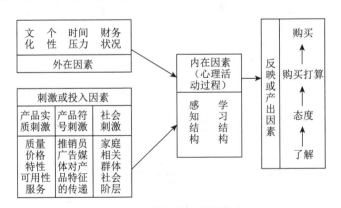

图 5-14　霍华德-谢思模式

✎ **课堂讨论：** 不同因素对消费者决策的影响有何区别？

5.6　消费者体验及影响因素

　　研究消费者行为目的就在于为消费者提供良好的体验，从而推动消费者形成良好的品牌印象，促进接下来的消费行为。体验和服务的区别有两个，首先，体验的主观性较强，每个消费者喜欢的体验可能大不一样，但是消费者喜欢的服务却大致类似；其次，体验主要是为了创造美好的人生记忆，但是服务的目的并不在于此，那么如何通过提升服务来为消费者营造良好的体验呢？

5.6.1　消费者体验的含义

　　体验是指对某标的物的领悟，及感官或心理所产生的情绪。消费者体验是指消费者在使用产品或享受服务时体验到的感觉以及认识。

　　消费者体验可以在两个维度上进行分类，第一个维度对应的是消费者的参与水平，有一些体验需要消费者积极参与，有一些体验则只需要消费者消极参与。一般来说，参与水平越高，体验的价值就越大。第二个维度代表的是参与者和背景环境的关联。有一些体验能够远距离地吸引消费者，而另外一些体验可以让消费者和体验活动变成一个整体，这就是浸入式的体验。这两个维度合在一起产生了四种不同的体验：娱乐性、教育性、逃避性和审美性体验。

　　图 5-15 所示为消费者体验模型。

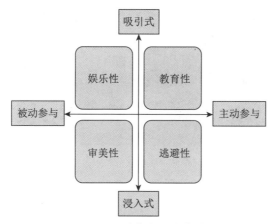

图 5-15　消费者体验模型

　　消费者参与娱乐性体验是想要寻求愉悦感和放松，参与教育性体验是想学习和提高自我，参与逃避性体验是想远离现实生活，参与审美性体验就可以说是想体会美好事物带来的各种快感。

5.6.2　消费者体验的影响因素

　　消费者体验的影响因素主要有产品使用、表演性消费以及情绪状态 3 个因素。

（1）产品使用：产品使用是发生在消费者直接使用产品和享受服务时的行为和体验，良好的产品使用体验可以给消费者带来积极的品牌态度，从而支撑接下来的消费行为，而不良的产品使用体验则会给消费者带来消极的品牌认知。对消费者如何使用商品的仔细观察，导致了市场上产品的改良和新产品的出现。

（2）表演性消费：消费者与营销者充当的角色就像他们是在剧院里演出一样，营销者力图把发生在消费者身上的交易行为编排成戏剧的形式，消费者与营销者可以看成是正在演绎一出"交易戏剧"，剧本的发展影响着消费者的体验。例如，每次消费行为，消费者都会按照营销者为其预设的剧本进行消费活动，包括对产品的选择、使用、品牌体验等都是营销者为影响消费者体验所做的努力。

（3）情绪状态：在消费产品时发生的事情会影响情绪，产品的特性、情景因素、社会文化环境等都会对消费者的消费体验产生重要影响，在消费过程中确立的精神状态，会反过来影响顾客对产品的总体评价。

总之，消费者对消费体验的感觉影响他们对产品的评价，而与产品实际的质量无关。对产品的购后评价，与对交易过程的满意感或不满意感密切相关。

例如，手机品牌华为开设了线下体验店，方便顾客前往门店进行体验，同时店内环境明亮，干净整洁，让人十分舒心，这会促使消费者在店内进行消费。图5-16所示为华为体验店。

图5-16 华为体验店

5.6.3 营造消费体验

消费体验既然如此重要，那么，应该怎样才能为消费者打造良好的消费体验呢？这个过程中有三个重要的步骤：主题化、场景化、戏剧化。

（1）主题化：首先需要为体验构思一个主题。每一个体验都需要一个贯穿始终的主题，一个吸引人的主题需要不同寻常，应该是别的地方不能轻易感受到的。吸引人的主题能够改变消费者的现实感，建立起与日常生活不同的时间和空间。主题的选择还需要与营造者已有的特质和消费者已有的印象相关，企业不能忽视自己已有的品牌形象或者联想。

图 5-17 所示为便利店的联名主题店。

（a）　　　　　　　　　　　　　　　　　（b）

图 5-17　便利店的联名主题店

（2）场景化：场景是顾客与商家相遇的地方，是体验发生的环境。很多消费者走进一家餐厅，还没落座，就可能因为餐厅的环境、气味或者布置而决定离开。场景的重要性不言而喻，很多时候商家很难改变消费者，但是如果商家改变消费者所处的环境，那么消费者会随之改变。

图 5-18 所示为某欧式复古风格家具的网络店铺截图，可见其网店装修也贯彻了品牌的简约复古理念，注重打造场景化销售情景，为消费者营造体验。

图 5-18　某欧式复古风格家具的网络店铺截图

（3）戏剧化：把真实生活戏剧化，需要模糊真实生活和演出的界限，把很多过去在幕后的工作放到台前展示。如真人秀节目都是戏剧化的体现。真实生活被毫不知情地用摄像机记录下来，展示给全世界。在如今 5G 技术的加持下，使用短视频和直播进行销售已经是很多商家的选择，通过戏剧化的表演和讲解更有利于为消费者营造体验。

图 5-19 所示为某主播正在进行产品讲解。

图 5-19　某主播正在进行产品讲解

案例　某主题游乐园营造良好的体验

　　某主题游乐园是为消费者营造良好体验的典型案例，该游乐园用一道假山把主题乐园围起来，形成边界，这个边界把园区外的高速公路和建筑物挡在外面，因为这些东西会干扰到游乐园要讲述的主题故事。游乐园不希望消费者在乐园游玩时还能看到真实的世界，他们努力让消费者感觉自己来到了另一个世界，沉浸在故事里面。如果你看到消费者进入"游乐园"时的表情，你就知道该游乐园深谙此道，它营造的场景让人们顿时兴奋起来，暂时摆脱了平庸而沉闷的生活，投入惊喜而刺激的体验之中。某主题游乐园公司就像一部生动的电影，消费者在游玩时能身临其境地感受到电影中的场景。游乐园愿意耗费心血来打磨其他人不想花时间和金钱去关注的细节。这就是某主题游乐园的成功模式。在所有的业务中，某主题游乐园都非常关注细节，比如"某主题游乐园魔法号"这艘游轮，客舱的窗户其实是一个屏幕实时传送从一个真实的窗户望出去的海景，偶尔还能看见海盗船或者某主题游乐园的角色飘过。在某主题游乐园乐园，酒店的房门也体现出了对细节的注重，房门有两个门镜，一个是正常高度，一个是孩子的视线高度。事实上，某主题游乐园的幻想工程师会戴上护膝在乐园里爬来爬去，从一个孩子的视角来体验感受，看看有哪些被疏忽的细节。每一个主题区都在讲一个故事，每一个细节，从整体景观到一盏灯，都要服务于故事主题。每一个乐园都是围绕着主题而建造设计的，从垃圾桶到贩售点都与故事主题相吻合。从剧场里的台词到演职人员的外表装扮，就连公司人力资源的工作都是表演的一部分。工作就是表演，制服就是戏服，整体而言，某主题游乐园公司就是一场天衣无缝、配合完美的演出。这场演出在某主题游乐园乐园上演，从消费者抵达开始，直到他们回到家里。消费者不知道的是，他们体验到的魔法世界，是由许多细微的魔法时刻组成的。某主题游乐园耗费心血打造的场景天衣无缝没有破绽，让他们感受到了该游乐园的真诚和真实。

5.7　本章小结

　　本章首先阐述消费者行为学的相关概念，分析了消费者行为的特征，指出消费者行为学的重要地位，进而分析了消费者态度、消费者购买意愿、消费者决策过程以及消费者体验等一系列影响消费者行为的因素。消费者行为学的研究内容包括影响消费者行为的心理因素、环境因素和营销因素等。心理学、社会学、经济学和人类学等学科的发展为消费者行为学提供了丰富的学科来源。消费者行为学的研究方法主要有观察法、访谈法、问卷法、投射法和实验法等。消费者行为学的产生是市场经济发展和消费者地位变化的共同结果，数字化消费者行为的兴起，凸显了科技发展对消费方式和消费模式的作用，使消费者行为更加丰富化、多样化和复杂化，在接下来的学习中，我们要洞察消费环境的变化，用跨学科思维，多角度研究消费者的具体消费行为。

第6章 网络消费心理的影响因素

虽然网络消费与传统消费都是人们为了满足需求而对生活物品、生产资料的购买，但与传统消费不同，网络消费呈现出许多新的特征。首先，网络消费是一种间接消费，消费体验有一定的滞后性；其次，网络消费的目的较为明确，消费者一般对所购产品有一定意向，然后通过网络来查询该产品的基本状况或者更详细的资料，不论是网上询问，还是达成交易，目的都在于满足消费者对产品信息或其他信息的需求；最后，网络消费具有提前性，消费者可以提前了解目标产品的一些特性，如可以在网络的展示平台上先了解产品的属性，解读产品的主要功效。这种不同于传统消费模式的网络消费就决定了网络消费的心理也不同于传统的消费。

在网络消费中，消费者表现出各种各样的购买心理，主要是由于消费者具有不同的消费需求和购买动机，这些心理不仅因人而异，而且也与传统消费心理有较大的区别。网络消费心理呈现出追求物美价廉、追求方便快捷、追求独立自主、追求个性与体验、愿意沟通与分享、理性和非理性并存等特征，这些特征在传统消费心理中往往是不具备的，那么是什么因素影响导致了这些特征的产生呢？

本章我们通过宏观环境、社会文化以及消费流行等角度来进行进一步探究。

6.1 宏观购物环境及影响因素

购物环境是指消费者消费的实体环境，是商品销售所需要的场所和空间，以及与其相配套的营销服务设施设备和附属场所。

宏观购物环境是消费者消费体验的直接来源，影响着消费者购物的舒适度及对于产品的使用体验，购物环境的好坏直接影响消费者是否会到店里进行消费活动。随着市场竞争的日益激烈，各大商家纷纷改善购物环境，以便为消费者提供更加满意的消费体验。

影响宏观购物环境的因素主要有以下几个方面。

1. 店址的选择

不同的店址适合不同规模、不同类别的商店经营，选址的成败直接关系到商家的收入，例如，闹市区以大、中型百货连锁为主，居民区以食品连锁为主等，店址的选择要考虑到自身的经营规模和铺货能力，在实地调研的基础上进行决策。

2. 营业建筑及外观环境

营业建筑及外观环境是商店的"脸面"，是消费者对于消费环境形成的第一印象，很大程度上决定了消费者是否会走进商店进行消费，同时，它也是企业形象的重要组成部分。

3. 店铺的外观和橱窗设计

店铺外观风格必须与经营的商品内容相一致，要能突出自己行业和档次的特点，同时要与周围环境协调统一，取得整体和谐效果。外观和橱窗要让顾客辨认商店及其商品，吸引顾客进入商店，显示高雅的格调。

4. 店铺的招牌

主要的招牌类型有屋顶招牌、栏架招牌、侧翼招牌、路边招牌、墙壁招牌、垂吊招牌、遮阳篷招牌，为了使消费者便于识别，不管店标是用文字来表达，还是用图案或符号来表示，其设计要求要达到容易看见、容易读、容易理解和容易联想。

5. 其他

除以上因素外，基础设施，周边环境等也会产生一定的影响，店铺门前的绿化、空场、凳椅、灯光等可以创造轻松愉快的环境，加强消费者对商店的感受，停车场等辅助购物设备和设施也应引起充分重视，随着人们生活水平的提高，停车场已经成为消费者选择商店的一个重要因素。

在进行购物环境设计时，一定要充分考虑到以上因素。

图 6-1 所示为北京太古里购物中心。

图 6-1　北京太古里购物中心

互联网的发展，尤其是移动互联的普及，对消费者的消费行为产生了重要的影响，消费者的消费活动开始向网络迁移，很多之前在线下购买的产品转移到网络上进行购买，网络的购买环境也对消费者的消费心理和行为产生重要的影响，例如，网店的店面设计，广告投放等都对消费者产生着潜移默化的影响。

图 6-2 所示为某珠宝品牌网点首页。

（a）   （b）

图 6-2　某珠宝品牌网点首页

🔖 **课堂讨论**：你认为好的购物环境是怎样的？

6.2　社会文化因素及影响因素

社会文化环境（sociocultural environment）是企业所处的宏观环境，任何企业都处于一定的社会文化环境中，企业营销活动必然受到所在社会文化环境的影响和制约。为此，企业应了解和分析社会文化环境，针对不同的文化环境制定不同的营销策略，组织不同的营销活动。企业营销对社会文化环境的研究一般从以下几个方面入手。

1. 教育状况分析

受教育程度的高低，影响到消费者对商品功能、款式、包装和服务要求的差异性。通常文化教育水平高的国家或地区的消费者要求商品包装典雅华贵、对附加功能也有一定的要求。

2. 宗教信仰分析

宗教是构成社会文化的重要因素，宗教对人们消费需求和购买行为的影响很大。不同的宗教有自己独特的对节日礼仪、商品使用的要求和禁忌。

3. 价值观念分析

价值观念是指人们对社会生活中各种事物的态度和看法。不同文化背景下，人们的价值观念往往有着很大的差异，消费者对商品的色彩、标识、式样以及促销方式都有自己褒贬不同的意见和态度。企业营销必须根据消费者不同的价值观念设计产品，提供服务。

4. 消费习俗分析

消费习俗是指人们在长期经济与社会活动中所形成的一种消费方式与习惯。不同的消费习俗，具有不同的商品要求。研究消费习俗，不但有利于组织好消费用品的生产与销售，而且有利于正确、主动地引导健康的消费。

网络文化环境对消费者的心理产生着重要的影响，很多传统消费理念、价值观念、消费流行等最早都是从网络上开始发源的。截至 2020 年 12 月，我国网民规模已经达到了 9.89 亿，占全球网民的 1/5，互联网普及率达 70.4%。网络空间的文化环境对消费者的消费心理有着重要的影响，消费者通过在网络中接触的信息影响线上线下的消费行为。

案例　中华传统文化影响中国人的消费行为

文化价值观对消费者行为的影响是潜移默化且根深蒂固的。正因为如此，文化环境对消费者的影响作用已经越来越重视。大量实例表明，不同国家、地区、民族的消费者，由于文化背景、宗教信仰、道德观念、风俗习惯以及社会价值标准不同，在消费者观念及消费行为上会表现出明显差异。例如，中国人民银行自 1999 年 3 月推出住房、汽车、旅游、家电、助学教育等领域的消费信贷，旨在促进消费、鼓励消费。然而消费信贷却是"叫好不叫座"，实际推行中进展缓慢，阻力重重。其重要原因之一，就在于中国传统观念的影响和束缚。

中国人历来视勤俭持家、精打细算、未雨绸缪、量入为出为美德，而对超过自身支付能力的消费视为奢侈浪费，借债消费更是为人所不齿的行为。体现在消费观念上则为，人们普遍崇尚"勤俭节约、量入为出"，忌讳"寅吃卯粮，举债度日"，因而即期收入成为当前消费的最大极限。人们宁愿省吃俭用，也不愿意"负债消费"或者"超前消费"。与此相对的是，人们认为"无债一身轻"，欠债是不光彩和无能的表现，对"寅吃卯粮"则持鄙视的态度。由此可见，受中国传统文化的影响，我国消费者对"花明天钱圆今天的梦"的消费信贷方式还是难以全面接受，要改变几千年来形成的传统消费观念并非容易的事。

在中国的房地产界广为传播着一个这样的故事：一个中国老太太和一个外国老太太的对话，中国老太太说从结婚起就和老头子一起赚钱买房子，到老了终于住上城里房子了，但是也没钱了。外国老太太听后这样说，我从结婚起就和老头子买了房子，住了一辈子，终于把房贷还清了，现在房子也卖了，到中国来旅游，打算买中国小城市的房子来养老，等我们老了就把房子变卖留给子女。这两种不同的消费方式和消费观念就体现了社会文化对于消费心理的影响。

图 6-3 所示为中西方不同的消费观念。

图 6-3　中西方不同的消费观念

课堂讨论：社会文化对消费行为的影响表现在哪些方面？

6.3 消费流行及影响因素

消费流行对消费者来说有特别的吸引力，尤其是随着消费社会的到来和视觉文化的发展，消费者都以追逐流行作为时尚潮流来展现自我，企业也相应地对营销战略进行调整，希望能跟上流行，抓住商机，获取利润。消费流行成为企业不得不关注的群体行为现象。

6.3.1 消费流行的含义及特征

流行是一种普遍的社会心理现象，是指社会上一段时间内出现的或某权威性人物推崇或倡导的事物、观念、行为方式等被人们接受、采用，进而迅速推广直至消失的过程，在这一过程当中，意见领袖发挥着重要的作用。流行涉及社会生活的各个领域，包括服饰、音乐、美术、娱乐、建筑、语言等，对人们的生活产生着很大的影响。

消费流行是在一定时期和范围内，大部分消费者呈现出相似或相同行为表现的一种消费现象，具体表现为多数消费者对某种商品或时尚同时产生兴趣，而使该商品或时尚在短时间内成为众多消费者狂热追求的对象，这种商品即成为流行商品，这种消费趋势也就成为消费流行，例如，不同的季节会有不同款式的流行服饰，消费者纷纷购买。

消费流行往往有以下几个特征。

（1）新奇性：人们对新出现的流行总是感到新奇，也就是我们常说的求新求异，流行的内容一般是新出现的新颖样式，其成为消费者追捧的热点，反映出消费者的从众性和自我展示的心理。

（2）个体性：流行被认为是突出个人特点的一种表现自我的工具，消费者往往喜欢追求独一无二，喜欢私人定制的产品，如此一来可以获得更多人的认可，甚至可以以此提高社会地位，获得心理上的满足。

（3）消费性：追求流行是一种享受和消费，随着消费文化的发展，消费者越来越心甘情愿地为追求流行而买单，而对于流行的追求，也是通过对产品的购买和使用来体现的，很多时尚达人就是通过商品消费来引领潮流的。

（4）周期性：流行从出现到消失的时间较短，但在消失之后的若干时期，可能周而复始地出现，一般包括酝酿期、发展期、流行高潮期、流行衰退期。一般来说，流行产品是由意见领袖最先使用的，当期使用的人数不断增多，其时尚性也会不断下降。

（5）规模性：消费流行的形成要有一定数量的社会成员参与，少数几个人喜欢的小众产品称不上是流行，只有具备了一定规模的受众群体才称之为流行。

（6）现实性：流行反映了当时的社会环境和文化背景，是人们审美取向和价值观念的直接体现，也在引领着人们的价值观念。

通过以上特征，我们可以看出消费流行往往是消费者审美趣味的反映，同时也引领着社会审美，一种审美风格的产品在网络上走红，往往也会迅速成为消费热点。

图 6-4 所示为故宫文创产品海报。

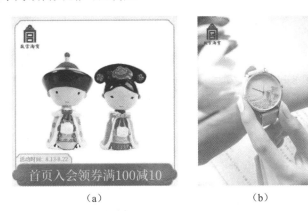

　　　　（a）　　　　　　　　　　　（b）

图 6-4　故宫文创产品海报

6.3.2　消费流行的种类及方式

消费流行涉及的范围十分广泛，流行的种类可以从多角度划分。从范围上看，有世界性、全国性、地区性的消费流行；从时间上看，有短期季节流行、中短期流行和长期流行；从速度上看，有一般流行、迅速流行和缓慢流行；从内容上看，有吃、穿、用商品的流行等。

根据消费流行的发生形态，消费流行的方式一般有以下 3 种。

1. 滴流

滴流即自上而下依次引发的流行方式。它通常以权威人物、名人的消费行为为先导，而后由上而下在社会上流行，如中山装、列宁装的流行等。图 6-5 所示为中山装的流行。

2. 横流

横流即社会各阶层之间相互诱发横向流行的方式。具体表现为某种商品或消费时尚由社会的某一阶层率先使用、领导，而后通过社会舆论等媒介，向其他阶层蔓延、渗透，进而流行。例如，近年来出现的旅游热、健身热等，都是先由社会某一阶层提倡使用，然后向其他阶层蔓延、普及，形成风气，从而引发流行。

3. 逆流

逆流即自下而上的流行方式。它是从社会下层的

图 6-5　中山装的流行

消费行为开始，逐渐向社会上层推广，从而形成消费流行。例如，牛仔服原是美国西部工人的工装，现在已成为下至平民百姓，上至美国总统的服装。由于消费流行渠道多，强化了消费者彼此互相参照，互相刺激，推波助澜，不断升温，使消费流行的范围越来越广。

流行不管采取何种方式，其过程一般是由"消费领袖"带头，而后引发多数人的效仿，从而形成时尚潮流。引发流行除了"消费领袖"的作用外，还有商品的影响、宣传的影响、外来文化与生活方式的影响等。

图 6-6 所示为消费流行推荐书籍。

图 6-6　消费流行推荐书籍

案例　**奥运冠军引领消费潮流**

2021 年 7 月 24 日，"00 后"女子气枪选手杨倩夺得本届东京奥运会首金后，以一人之力带火了三件商品：头上的小黄鸭发夹、胡萝卜发绳和珍珠美甲。东京奥运会过去了一周，杨倩同款依旧稳居淘宝奥运热搜榜单第一位。热度还在持续上涨。图 6-7 所示为杨倩带火的商品。

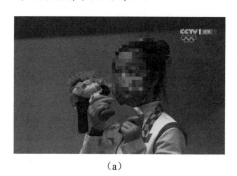
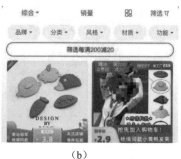

（a）　　　　　　　　　　　　（b）

图 6-7　杨倩带火的商品

淘宝奥运同款人气榜——你可以将它视作淘宝内的微博热搜榜，它和微博热搜的逻辑一样：榜单实时更新，一旦某个关键词被频繁搜索，就会被推着向上，进入榜单。从榜单的几个关键词来看，这几乎是一个运动员赛场表现与带货能力的侧面体现：除了领跑人气榜的杨倩同款，还有陈梦的乒乓球拍项链、侯志慧用过的风油精等同款入榜。前乒乓球冠军张继科同款球衣的搜索量也因乒乓球赛事热急剧飙升，成为目前唯一一个入榜的前奥运冠军。苏炳添以 9 秒 83 打破了亚洲男子百米纪录后，他的同款田径服也出现在了榜单上。

据一名淘宝小二透露，"军神"等字样的关键词检索量也在吕小军获得男子 81公斤级举重冠军后大幅飙升——这个在健身人群中拥有神级地位的奥运选手，其实早在天猫和淘宝都开了多家店铺，专卖杠铃、深蹲鞋、护具等健身用品。买家秀中有为了给他加油而下单的粉丝，也有看了奥运会才来的新粉，更多是早在奥运会几个月前就慕名而来的撸铁人群买了同款，只为"拥有军神的力量""像军哥一样，下蹲挺蹲到底"。

6.3.3　消费流行产生的原因

消费流行的产生往往是多方面因素共同作用的结果，产生的具体原因如下。

（1）经济发展水平的不断提升：生产力的提高、经济的发展是消费流行产生的社会基础，社会生产力提高了，产品的生产周期越来越短，产品在市场上的流通速度加快，这为商品的流行和快速更替创造了可能。

（2）商业利益的驱动：某些消费流行的产生是出于商品生产者和销售者的利益，他们为扩大商品销售，努力营造出某种消费气氛，引导消费者进入流行的潮流之中，而这些消费者又带动了市场，配合流行的商业活动，保证了参与活动的生产者和销售者的利益。

（3）消费者的心理需求：有些流行现象是由消费者的某种共同心理需求造成的。大部分消费者在这一共同心理的影响下，主动追求某种新款商品或新的消费风格，从而自发推动了消费流行的产生。

（4）科技和新媒体的推动：随着科技的发展和新媒体的产生，传播的范围越来越广泛，演艺明星、体育明星、社会名流、记者、广告人、各类编辑等成了流行的主要提供者，使流行的内容更丰富，形式更加多样化。

另外，一些学者引用心理学理论来解释消费流行的产生原因。例如，心理学家荣格认为，群体的意识和行为可以通过"心理能量"来解释。心理能量不会随发生作用而消耗或丧失，而是从一种作用形式转换为另一种作用形式，或从一个位置转移到另一个位置。就消费者而言，当人们对一种商品的兴趣减少时，对另一种商品的兴趣便会等量地增加。

案例　新国货流行，国潮流现象兴起

随着消费社会的兴起，加之中国传统文化审美的复兴，一个个"爆款"赋予"新国货"不同以往的形象。"百年老店"尝试推陈出新，让年轻消费者感到"潮"的惊喜；许许多多的新国货品牌努力弯道超车，聚力打造新的"金字招牌"。当下发生的国货风潮，不仅肇始于国内消费者的爱国热情，更是理性的消费抉择、创新的产品设计、精准的营销策略使然，而这些都是推动民族企业行稳致远的根本动力。如 2021 年 7 月鸿星尔克为河南灾区捐助价值 5000 万元物资的义举，使这个成立 21 年的国产运动品牌一夜之间成为网络顶流。网友自发地冲入鸿星尔克的直播间和门店抢购，一度引发供应链大规模断货。

这一股抢购热潮甚至催生出了"野性消费"这个新名词，不少网友在鸿星尔克直播间大方表示自己就是来"野性消费"的，并要求主播将直播间里最贵的产品上架销售。纵使店家在淘宝直播间劝网友理性消费，也没能抵挡住来自全国网友的热情。陡然兴起的"鸿星尔克热"也引发了一些争议,有评论质疑"野性消费"是一种非理性和盲目跟风行为,还有评论认为这股浪潮无益于国货的可持续发展。虽然在这场抢购热潮中确实出现了个别极端的行为,但从更长远的视角来看,它彰显的却是整个消费市场——特别是以Z世代年轻人(指"95后"至"00后"群体)为主体的品牌消费市场更加理性的心态。

近些年,以一众本土品牌为代表的"国潮"文化兴起,正在吸引越来越多年轻人的目光。以李宁、飞跃、回力、百雀羚和故宫文创为代表的国货品牌,既迎合了Z世代年轻人对于潮流文化的追捧和个性张扬的需要,又通过传统中国文化元素的植入进一步增加了年轻人对这一概念的认可,使得新国货成为消费市场难以忽视的潮流。经历了老字号和洋品牌多年的市场争夺之后,年轻人开始更加全面而理性地审视自己的消费选择和文化心态。摆脱了特定历史环境下对于某些文化和品牌商品盲目的崇拜后,新国货的兴起,为Z世代年轻人重新探索自己的消费理性及其背后的文化身份认同,提供了一个新的渠道。

图 6-8 所示为鸿星尔克微博页面和线下门店。

(a)   (b)

图 6-8　鸿星尔克微博页面和线下门店

课堂讨论:流行是如何成为消费热点的?

6.4　消费习俗及影响因素

消费习俗是消费者在生活过程中慢慢积累起来的,消费者的消费行为都会受到习俗潜移默化的影响。在习俗消费活动中,人们具有特殊的消费模式,它主要包括人们的饮食、婚丧、节日、服饰、娱乐消遣等物质与精神产品的消费。

6.4.1　消费习俗的类型

消费习俗是指一个地区或一个民族约定俗成的消费习惯,消费习俗的形成是人们在长期的消费活动中相沿而成的,是社会习俗的重要组成部分。不同国家和地区的消费者,在长期的生活实践中形成了多种多样的消费习俗,体现在消费者的衣食住行等各个方面，通常可以分为以下两大类：物质类消费习俗和社会文化类消费习俗。

（1）物质类消费习俗：包括饮食消费习俗、服饰消费习俗、住宅消费习俗等。例如，我国一些地区民间用五香布袋、红绳、桃木、玉佩、铜葫芦来避邪，而少数民族的服饰，如藏族的哈达、黎族的短裙、蒙古族的长袍，无一不表现出其独特的消费习俗。

（2）社会文化类消费习俗：包括喜庆类消费习俗、纪念性消费习俗和宗教类消费习俗等。例如，我国的端午节是为了纪念诗人屈原，有吃粽子，赛龙舟，挂菖蒲、菖草、艾叶，喝雄黄酒的习俗等。

不同的消费习俗反映了不同的文化信仰，消费习俗往往成为品牌主借势营销的重要资源，引领着社会的消费文化。同时，商家在针对不同群体、不同民族制定营销策略时，要考虑到民俗因素，不要触碰到民俗禁忌。

图 6-9 所示为商家在端午节推出了粽子礼盒，并且可以根据客户需求进行定制。

图 6-9　粽子礼盒

案例　某油漆品牌广告触碰民俗禁忌

某油漆品牌创作了一则名叫"龙篇"的作品，画面上有一个中国古典式的亭子，亭子的两根立柱各盘着一条龙，左立柱色彩黯淡，但龙紧紧地攀附在柱子上；右立柱色彩光鲜，龙却跌落到地上。画面旁附有对作品的介绍，大致内容是：右立柱因为涂抹了某品牌油漆，把盘龙都滑了下来。个别专家评价称："创意非常棒，戏剧化地表现了产品的特点……结合周围环境进行贴切的广告创意，这个例子非常完美。"

然而，就是这样一则广告，刊发几天后却在网上掀起了轩然大波，网民纷纷表示难以接受。

某网民说："我乍一看还觉得挺有意思，可仔细一想就觉得别扭了。龙是中国的象征，怎么能遭到这样的戏弄！这个创意应该赶快改掉。"更多的网民则认为，

"发布广告者别有用心"，而且"恶劣程度比'霸道广告'有过之而无不及"。

有专家称，这则广告忽略了文化因素。从广告本身的三个因素考虑，这个创意没有问题。但是，广告设计和发布者显然忽略了一个重要问题，就是广告与文化的联系。龙是中国的图腾，在一定意义上是中华民族的象征。每个国家对传统文化的理解不同，在我国的文化中，龙的内涵非常丰富。广告一旦忽略了与文化的联系，就会使受众感到不舒服甚至产生厌恶。图6-10所示为某品牌油漆广告截图。

图6-10　某品牌油漆广告截图

6.4.2　消费习俗的特点

消费习俗是人们在日常生活中不断积累、约定俗成的消费习惯，深刻影响着人们的消费行为，它具有很多鲜明的特点。

（1）长期性：消费习俗是人们在长期的生活实践中逐渐形成和发展起来的，受政治、经济、文化、历史等多种因素的影响，并经过若干年乃至更长时间的沉淀而成，对人们的消费行为产生潜移默化的影响。例如，据考证，中国人过春节的习俗已有4000多年的历史。

（2）社会性：消费习俗的社会性是指消费习俗是在共同的社会生活中，在社会成员的共同参与下形成的，是社会生活的组成部分，任何一个消费者的消费行为都会受到消费习俗的影响。

（3）地域性：消费习俗通常带有浓厚的地域色彩，是特定地区的产物。俗语说"百里不同风，千里不同俗"，即表现出习俗具有较强的地域性特征。例如，我国各地的饮食文化差异特别大，广东的粤菜、四川的川菜、湖南的湘菜、江浙的杭帮菜等都有浓郁的地方特色。

图6-11所示为粤菜叉烧和湘菜剁椒鱼头，可以看到粤菜清淡，湘菜辛辣。

（4）非强制性：消费习俗的形成不是强制发生的，而是通过无形的社会约束力量形成的。约定俗成的消费习俗以潜移默化的方式产生影响，使生活在其中的消费者自觉或不自觉地遵守这些习俗，并以此规范自己的消费行为。

（a）　　　　　　　　　　　　　　　（b）

图 6-11　粤菜叉烧和湘菜剁椒鱼头

6.4.3　消费习俗对消费者的影响

消费者的消费行为深受消费习俗的影响，很多的消费决策都是在习俗的影响下无意中做出的，而这些消费行为又在进一步发扬着消费习俗，消费习俗对消费者的影响主要体现在以下 3 个方面。

（1）消费习俗促进了消费者购买心理的稳定性和购买行为的习惯性

例如，端午节要吃粽子，中秋节要吃月饼等消费行为往往是固定的、不需要任何理由的，这就是习俗给消费者消费行为带来的潜移默化的影响。

（2）消费习俗强化了消费者的消费偏好

在特定地域消费习俗的长期影响下，消费者形成了对地方风俗的特殊偏好，并以这种偏好强化自己的身份认同，这种偏好会直接影响消费者对商品的选择，不断强化其已有的消费习惯。

（3）消费习俗使消费者的心理与行为的变化趋缓

由于遵从消费习俗而导致的消费活动的习惯性和稳定性，将大大延缓消费者的心理及行为的变化速度，并使之难以改变。这对消费者适应新的消费环境和消费方式会起到阻碍作用。

案例　　抖音上火起来的摔碗酒

最近，在抖音上又带火了一个习俗，就是摔碗酒。从最早的在西安吃完美食后就去喝一点美酒，喝完之后就把碗给摔了，就是这么一个简单的动作，在抖音上被人展示后，于是就火遍了大江南北，很多慕名而来的游客也要尝试这个玩法，一时间风头很大。现在已经不仅仅局限于某些地方了，全国人民都在模仿这个玩法。摔碗酒的民间传说是土家族的两个族长间有了恩怨，为了民族的生存和发展，两人决定尽释前嫌，于是共饮一碗酒，以示今后的友谊与和谐，饮过之后，将碗摔碎，以泯恩仇，也显示了二人的肚量和豪气。但是从今天的摔碗酒看，已经完全转化为一种友情的表达，人与人之间的距离更近了，心与心贴得更近了。西安的摔碗酒习俗，一般在一些景区下面都有美食街区，但有这样一家可以喝完酒又摔碗的店铺显得格外引人注目，俗称"摔碗酒"。在"摔碗酒"现场，游客只要掏上 5 元钱，不但能喝上一碗香喷喷的米酒，而且可以将酒碗狠狠摔碎，寓意就是喝碗"摔碗酒"，财神跟你走！喝碗"摔碗酒"，年年好运头。位于浙江象山也有"摔碗酒"这种习俗，跟西安不同的是，由于象山靠海，所以当地人在出海前都要祭海、敬酒和放生，喝完后就把酒瓶摔碎，象征平安和丰收。这个"摔碗酒"的地方放在了景区中，是为了便于让游客看到并体验。

图 6-12 所示为摔碗酒。

图 6-12　摔碗酒

✎ **课堂讨论：** 思考你的日常消费行为受到哪些消费习俗的影响？

6.5　顾客满意度及影响因素

市场营销的目的就在于通过产品的销售来为消费者营造良好的消费体验，从而改变消费者对于品牌的态度，形成品牌的偏好。顾客的满意度是消费者消费体验的重要衡量标准，顾客越满意，品牌的创建也就越成功。

6.5.1　顾客满意度的含义

满意，是对需求是否满足的一种界定尺度。当顾客需求被满足时，顾客便体验到一种积极的情绪反映，这称为满意，否则即体验到一种消极的情绪反映，这称为不满意。

顾客满意度（customer satisfaction）是顾客对一个产品可感知的效果（或结果）与期望值相比较后，顾客形成的愉悦或失望的感觉状态，顾客满意度是对顾客满意程度的衡量指标。当前，市场的竞争主要表现在对顾客的全面争夺，而是否拥有顾客取决于企业与顾客的关系，取决于顾客对企业产品和服务的满意程度。顾客满意程度越高，企业竞争力越强，市场占有率就越大，企业效益就越好，这是不言而喻的。同时，顾客满意度还是评价企业质量管理体系业绩的重要手段。为此，要科学确定顾客满意度的指标和满意度的级度并对顾客满意度进行测量监控和分析，才能进一步改进质量管理体系。

表 6-1 为消费者满意度调查样表。

表 6-1　消费者满意度调查样表

用户单位名称				电话		
通讯地址				邮编		
	产品名称					
	型号			出厂日期		年　　月
	数量		（台）	使用时间		（天）
项目 / 结果	很满意	满意	一般	不满意	很不满意	
外观造型						
使用性能						
可靠性						
操作舒适性						
售后服务						
包装、运输、交货						
配件供应						
咨询培训						
对该产品的其他意见和建议						

评价说明：每张表只评价一种产品，用户在所定栏目内打"√"即可。

用户签章：　　　　　　　　　　　　　　　　　　　　　　　年　　月　　日

在网络空间当中，消费者的满意度往往是通过为店铺打分、评论等体现出来的。图 6-13 所示为网店的评论汇总界面。

图 6-13　网店的评论汇总页面

6.5.2　顾客满意度指标及其测量

收集顾客满意信息的方式是多种多样，包括口头的和书面的。企业应根据信息收集的目的、信息的性质和资金等来确定收集信息的最佳方法。收集顾客满意信息的渠道有 7 个方面：顾客投诉、与顾客的直接沟通、问卷和调查、密切关注的团体、消费者组织的报告、各种媒体的报告、行业研究的结果。

要评价顾客满意的程度，必须建立一组与产品或服务有关的、能反映顾客对产品或服务满意程度的产品满意项目。企业应根据顾客需求结构及产品或服务的特点，选择那些既能全面反映顾客满意状况又有代表的项目，作为顾客满意度的评价指标。全面就是指评价项目的设定应既包括产品的核心项目，又包括无形的和外延的产品项目。否则，就不能全面了解顾客的满意程度，也不利于提升顾客满意水平。

心理学家认为，情感体验可以按梯级理论进行划分若干层次，相应可以把顾客满意程度分成七个级度或五个级度，如表 6-2 所示。

表 6-2　顾客满意程度等级

满意程度	指　征	分　述
很不满意	愤慨、投诉、反宣传	很不满意状态是指顾客在消费了某种商品或服务之后感到愤慨、恼羞成怒、难以容忍，不仅企图找机会投诉，而且还会利用一切机会进行反宣传以发泄心中的不快
不满意	气愤、烦恼	不满意状态是指顾客在购买或消费某种商品或服务后所产生的气氛、烦恼状态。顾客尚可勉强忍受，希望通过一定方式进行弥补，在适当的时候，也会进行反宣传
不太满意	抱怨、遗憾	不太满意状态是指顾客在购买或消费某种商品或服务后所产生的抱怨、遗憾状态。在这种状态下，顾客虽心存不满，但想到现实就这个样子，别要求过高吧，于是认了
一般	无明显正负情绪	一般状态是指顾客在消费某种商品或服务过程中所形成的没有明显情绪的状态。也就是对此既说不上好，也说不上差，还算过得去
较满意	好感、肯定、赞许	较满意状态是指顾客在消费某种商品或服务时所形成的好感、肯定和赞许状态。顾客内心还算满意，但按更高要求还差之甚远，而与一些更差的情况相比，又令人安慰
满意	称心、赞扬、愉快	满意状态是指顾客在消费了某种商品或服务时产生的称心、赞扬和愉快状态。在这种状态下，顾客不仅对自己的选择予以肯定，还会乐于向亲朋推荐，自己的期望与现实基本相符，找不出大的遗憾所在
很满意	激动、满足、感谢	很满意状态是指顾客在消费某种商品或服务之后形成的激动、满足、感谢状态。在这种状态下，顾客的期望不仅完全达到，没有任何遗憾，而且可能还大大超出了自己的期望。这时顾客不仅为自己的选择而自豪，还会利用一切机会向亲朋宣传、介绍推荐，希望他人都来消费之

　　五个级度的参考指标类同顾客满意级度的界定是相对的，因为满意虽有层次之分，但毕竟界限模糊，从一个层次到另一个层次并没有明显的界线。之所以进行顾客满意级度的划分，目的是供企业进行顾客满意程度的评价之用。

案例　**宜家为消费者提供满意的服务**

　　宜家家居（IKEA）于 1943 年创建于瑞典，"为大多数人创造更加美好的日常生活"是宜家自创立以来一直努力的方向。宜家始终秉承品牌理念，贯彻"设计精良，功能齐全，价格低廉的家居用品"的经营宗旨。宜家在提供种类繁多，美观实用，老百姓买得起的家居用品的同时，还努力创造以客户和社会利益为中心的经营方式，致力于环保及社会责任问题。今天，瑞典宜家集团已成为全球最大的家具家居用品商家，销售主要包括座椅/沙发系列，办公用品，卧室系列，厨房系列，照明系列，纺织品，炊具系列，房屋储藏系列，儿童产品系列等约 10 000 个产品。在大多数的情况下，设计精美的家居用品通常是为能够买得起它们的少数人提供的。从一开始，宜家走的就是另一条道路。宜家决定站在大众的一边。这意味着响应全世界人民对家居用品的需要：有着各种不同的需要、品位、梦想、渴望和收入的人们的需要；希望改善他们的家庭和他们的日常生活的人们的需要。生产精美的家具并不难：只要花钱和让顾客付钱，即可办到。以低价格生产美观、结实耐用的家具就不那么简单了——这需要另辟蹊径。这是关于找到简单的解决方案和在各种方法上节约的问题。

　　宜家作为全球品牌满足了中国白领人群的心理；宜家卖场的各个角落和经营理念上都充斥异国文化；宜家家具有顾客自己拼装、赠送大本宣传刊物、自由选购等特点。这些已经吸引了不少知识分子、白领阶层的眼球，加上较出色的产品质量，让宜家在吸引更多新顾客的同时，稳定了自己固定的回头客群体。宜家的产品定位及品牌推广在中国如此成功，以至于很多中国白领们把"吃麦当劳，喝星巴克的咖啡，用宜家的家具"作为一种风尚。

　　1997 年，宜家开始突出考虑儿童对家居物品的需求，因为儿童对于家居用品的需求也很大，并且这个领域竞争并不激烈。为了设计更加适合儿童需求的产品，宜家与两支专家队伍进行了合作来开发产品。儿童心理学家和儿童游戏方面的教授帮助宜家设计、开发旨在培养儿童运动能力和创造力的产品。同时，宜家利用儿童帮助自己来评选出优胜产品。在宜家展示厅，设立了儿童游戏区、儿童样板间，在餐厅专门备有儿童食品，所有这些都得到孩子们的喜爱，使他们更乐意光顾宜家。

　　以上的种种措施都体现了宜家为创造顾客满意所做出的努力。图 6-14 所示为宜家门店。

　　课堂讨论：日常生活中，哪些因素影响到你的消费满意度。

（a）　　　　　　　　　　　　　　　（b）

图 6-14　某宜家门店

6.6　顾客忠诚度及影响因素

顾客满意度与顾客忠诚度之不同在于，顾客满意度是评量过去的交易中满足顾客原先期望的程度，而顾客忠诚度则是评量顾客再购及参与活动意愿。

6.6.1　顾客忠诚度的含义

顾客忠诚度（customer loyalty degree）指顾客忠诚的程度，是一个量化概念。顾客忠诚度是指由于质量、价格、服务等诸多因素的影响，使顾客对某一企业的产品或服务产生感情，形成偏爱并长期重复购买该企业产品或服务的程度。美国资深营销专家 Jill Griffin 认为，顾客忠诚度是指顾客出于对企业或品牌的偏好而经常性重复购买的程度。

真正的顾客忠诚度是一种行为，而顾客满意度只是一种态度。根据统计，当企业挽留顾客的比率增加 5% 时，获利便可提升 25%～100%。许多学者更是直接表示，忠诚的顾客将是企业竞争优势的主要来源。由此可见，保有忠诚度的顾客对企业经营者来说，是相当重要的任务。顾客满意度与顾客忠诚度之不同在于，顾客满意度是评量过去的交易中满足顾客原先期望的程度，而顾客忠诚度则是评量顾客再购及参与活动意愿。

顾客忠诚度是顾客忠诚的量化指数，一般可运用三个主要指标来衡量顾客忠诚度，这三个指标分别是：

（1）整体的顾客满意度（可分为很满意、比较满意、满意、不满意、很不满意）；

（2）重复购买的概率（可分为 70% 以上，70%～30%、30% 以下）；

（3）推荐给他人的可能性（很大可能、有可能、不可能）。

图 6-15 所示为品牌忠诚度包含要素。

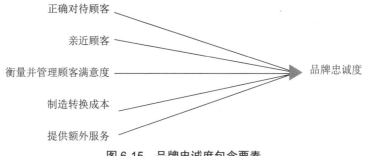

图 6-15　品牌忠诚度包含要素

6.6.2　提高顾客忠诚度的原则

做好客户服务，提高顾客忠诚度有九大原则，企业只有把握好了这些原则，才能真正地获得服务为产品带来的附加价值。

（1）控制产品质量和价格：产品质量是企业开展优质服务、提高顾客忠诚度的基础。消费者对品牌的忠诚在一定意义上也可以说是对其产品质量的忠诚。只有过硬的高质量产品，才能真正在人们的心目中树立起"金字招牌"，从而受到人们的爱戴。当然仅有产品的高质量是不够的，合理地制定产品价格也是提高顾客忠诚度的重要手段，价格制定要符合消费者的心理预期。

（2）了解企业的产品：企业必须要让服务人员完全充分地了解企业的产品，传授关于产品的知识和提供相关的服务，从而让企业赢得顾客的信赖。同时，服务人员应该主动地了解企业的产品、服务和所有折扣信息，尽量预测到客户可能会提出的问题。

（3）了解企业的顾客：企业应该尽可能地了解相关顾客的情况，这样才可以提供最符合顾客需求和消费习惯的产品或服务。和顾客交谈，倾听他们的声音，这样就不难找到使他们不满的根源所在。当顾客对服务提供者相互了解后，如企业了解顾客的服务预期和接受服务的方式等，服务过程就会变得更加顺利，时间也会缩短，而且服务失误率也会下降。

（4）提高服务质量：企业的每位员工，都应该致力于为顾客创造愉快的购买经历，并时刻努力做得更好，超越顾客的期望值。经常接受企业服务而且感到满意的顾客会对企业作正面的宣传，而且会将企业的服务推荐给朋友、邻居、生意上的合作伙伴或其他人。他们会成为企业"义务"的市场推广人员。许多企业，特别是一些小型企业，就是靠顾客的不断宣传而发展起来的。

（5）提高顾客满意度：顾客满意度在一定意义上是企业经营"质量"的衡量方式，通过客户满意调查、面谈等，真实了解企业的顾客目前最需要的是什么，什么对顾客最有价值，再想想顾客能从企业提供的服务中得到这些认知的最好的做法。

（6）超越顾客期待：不要拘泥于基本和可预见的水平，而向客户提供渴望的甚至是意外惊喜的服务。在行业中确定"常规"，然后寻找常规以外的机会，给予超出

"正常需要"的更多的选择。顾客是会注意到企业的高标准服务的。也许这些可能被企业的竞争对手效仿，但企业只要持续改进就一定不会落于人后。

（7）满足顾客个性化要求：通常企业会按照自己的想象预测目标消费者的行动。事实上，所有关于顾客人口统计和心理方面的信息都具有局限性，而且预测模型软件也具有局限性。因此，企业必须改变"大众营销"的思路，注意满足顾客的个性化要求。要做到这一点就必须尽量占有顾客知识，利用各种可以利用的机会来获得更全面的顾客情况，包括分析顾客的语言和行为。

（8）正确处理顾客问题：要与顾客建立长期的相互信任的伙伴关系，就要善于处理顾客的抱怨或异议。有研究显示，通常在 25 个不满意的顾客中只有一个人会去投诉，其他 24 个则悄悄地转移到其他企业的产品或服务上。因此，有条件的企业应尽力鼓励顾客提出抱怨，然后再设法解决其遇到的问题。

（9）让购买程序变得简单：企业无论在商店里、网站上还是企业的商品目录上，购买的程序越简单越好。简化一切不必要的书写、填表步骤，去帮助顾客找到他们需要的产品，解释这个产品如何工作，并且做任何能够简化交易过程的事情，制定标准简化的服务流程。

为了维系客户，提高顾客满意度和忠诚度，现在很多网络商家还会创建粉丝社区，及时解决顾客的问题，了解顾客需求。图 6-16 所示为某网店会员权益页面。

图 6-16　某网店会员权益页面

课堂讨论：你是否忠诚于某一品牌？你忠诚于这一品牌的原因有哪些？

6.7　"Z 世代"消费群体的心理特征

所谓"Z 世代"是指 1995—2009 年出生的一代人，"Z 世代"总人数约 2.6 亿，占 2018 年总人口的 19%，这一人群因出生在物质丰裕的时代，在大众传媒及快乐主义消费文化的影响下，形成了提前消费的习惯和偏好。这一群体具有巨大的消费能力，对其心理特征进行分析，可以帮企业进行更好地营销。图 6-17 所示为"Z 世代"人群的概念图。

图 6-17 "Z 世代"人群的概念图

"Z 世代"消费群体呈现出以下特征。

1. 看重消费体验

"Z 世代"特别看重购物体验、场景体验、试用体验、观感体验和服务体验等，他们喜欢追求线上线下无缝连接的服务、限量版产品、小众品牌，以及体验式环境，强调与物品之间的"眼缘"，得到了钟爱的物品则会感到满足。"Z 世代"的成长伴随着互联网的诞生和快速发展，他们是主动寻求消费升级、推崇个性消费的群体，总在尝试去挖掘最好的价值和服务。

2. 拒绝奢靡消费

"Z 世代"消费时更关心性价比，关注特色和感受。他们的"经济情商"并不低，不仅学会精打细算、量入为出、开源节流，在信贷消费的同时，注意保持收支的动态平衡，而且理财观念渐次增长，理财意识也在不断增强。但"Z 世代"摒弃奢靡消费并不意味着他们要过一种节衣缩食的生活，他们提倡购买适己、适用的物品，而不在乎其是否可以用来炫耀身份和地位的奢侈品，对商家的甩卖广告和潜隐推销策略保持警觉。

3. 在乎消费品位

"Z 世代"在物质较为充裕的年代里成长，他们可挑选的余地更大、可探视的场域更广，他们需要在纷繁芜杂的消费场景里彰显自己独特的消费品味位，体现自己与众不同的消费境界、消费风格。他们乐于接纳新奇产品、喜欢尝试新鲜事物，偏好有故事、有质感、有理念、有个性、有设计感的原创品牌。

4. 接纳消费符号

对于"Z 世代"而言，购物不仅仅是满足基本的生存需要，购物也是在消费符号和交换符号，并由此完成价值寻求和身份认同的确证过程。消费符号具有文化消费层面的差异性、审美层面的视觉冲击力和视听层面的独特吸引力，因此，能帮助"Z 世代"赢取个性、审美、尊严等社会意义。"Z 世代"接纳消费符号，是为了实现一种追求新奇的欲望，从而获得精神愉悦、情感动能和价值期许。

图 6-18 所示为 "Z 世代" 人群画像。

图 6-18 "Z 世代" 人群画像

"Z 世代" 消费理念的形成主要有以下几方面原因。

1. 时代变迁的产物

"Z 世代" 出生于改革开放的新时期，这一时期物质生活不断丰富、消费选择日趋多元化。他们在物质较为丰裕的年代里成长，不仅有着更多的选择机会、发展空间和生活际遇，而且有着自身特有的消费话语、消费需求和消费意旨。时代变迁塑造了他们的消费习性，对于 "Z 世代" 来说，日常生活的主要目标不仅是改善生活境遇，而且还要通过生活方式和消费价值的选择来实现自我。

2. 网络媒介的形塑

"Z 世代" 自带网络基因，他们的生活方式、消费习性、行为规范、精神信仰、价值取向等都离不开网络媒介的潜在影响和悄然形塑。他们喜欢通过移动设备上网，乐享短视频等互动平台，热衷于用智能手机来获取有价值的资讯，喜欢通过兴趣社群完成购物活动。而网络媒介不仅提供给 "Z 世代" 更为便捷的支付工具、更具个性化的消费圈层，也引导他们形成更为随性化的消费情趣。

3. 群体特征的彰显

"Z 世代" 视野广阔，具有生活方式自主化、价值追求个性化等特质，有着生活及精神方面的多元化追求、多层面欲求和多样态需求。这一特殊的亚群体害怕被束缚，喜欢自在专属、自由表达。他们要在购物消费中获取一种可以主观掌控和灵活支配的自由感，追求一种与现代社会生活步调相吻合、与青年人消费场域相契合的节奏感。

4. 个性需求的外化

"Z 世代" 是特立独行、与众不同的一代，他们注重自我的情感认知、心理体验、精神需求和价值实现，不仅个性鲜明，而且爱憎分明，自我意识凸显，独立性更强。他们对各类新兴商品接受度最高，同时也注重商品的社交性、娱乐性以及便利性，多元化的消费，已经越来越超越简单的物质需求，而成为"Z 世代"的存在方式。

6.8　本章小结

本章对影响消费心理的购物环境、社会文化、消费习俗、消费流行等因素进行了分析，探讨了这些因素是如何对消费心理产生影响的，并最终以达成消费者满意，提升消费者忠诚为目的。随着网络的持续普及，消费者的行为日趋多元化，消费心理也变得更加难以捉摸，能洞察网络环境中的消费心理已经成为营销制胜的重要法宝。企业在制定营销战略时，一定要充分考虑各种影响消费者心理的因素，趋利避害，结合自身产品特性和企业战略定位，制定营销策略。

第7章 产品与消费心理

产品是消费者消费的对象，在消费活动中有重要的地位，并且随着社会的发展处于不断的升级换代中。伴随网络成长起来的消费者，不仅自我表达欲望强，还希望产品和服务能满足个人与彰显品位，对个性化的产品和服务需求强烈。因此，很多企业通过大数据分析来获取消费者的需求信息，从而满足其个性化需求。例如，通过消费者进店摄像头捕捉，人脸识别，在店内停留时间，购物偏好，或者通过网站和应用程序来追踪消费者的网上痕迹，收集在线信息，全面分析消费者购物动机、方式、频率、时间和结果，增强对消费者的了解，实现产品和消费者的"匹配"，为消费者创造更大的价值。总之，数字化时代的消费者比过去拥有更多的选择自由，购物空间更广阔，消费者与产品、品牌、体验、媒体、社群之间会产生新的变化。同时，消费者行为更加多样、丰富和复杂。

不同的产品往往蕴含着特定的社会意义，代表着不同的文化、品位和风格，消费者通过购买和使用这些产品，可以显示出消费者与众不同的个性特征，增强和突出个人的自我形象，从而帮助消费者有效地表达自我概念，并促进真实自我向理想自我的转变。因此，在很多情况下，消费者购买产品不仅是为了获得产品所提供的功能效用，更多时候还是为了获得产品所代表的象征价值。例如，在我国，有时购买奔驰车并不是单纯地购买一种交通工具，而是自我身份的象征，奔驰车是自我概念的外在显示。从某种意义上讲，消费者是什么样的人是由其使用的产品来界定的，如果丧失了某些关键拥有物，那么他或她就成为不同于现在的个体。

7.1 产品生命周期的含义

任何一种产品都不会在市场上永久地流通下去，随着社会生产力的发展和技术水平的进步，产品会不断更新换代，基于此，我们要对处于不同生命周期的产品有一个明确的认知，有针对性地制定营销策略。

7.1.1 了解产品生命周期

产品生命周期（product life cycle）是指产品从准备进入市场开始到被淘汰退出市场为止的全部运动过程，是由需求与技术的生产周期所决定。一般分为导入（进入）期、成长期、成熟期（饱和期）、衰退（衰落）期四个阶段。

（1）导入期：新产品投入市场，便进入投入期。此时，顾客对产品还不了解，只有少数追求新奇的顾客可能购买，销售量很低。为了扩展销路，需要大量的促销费用，对产品进行宣传。在这一阶段，由于技术方面的原因，产品不能大批量生产，因而成本高，销售额增长缓慢，同时产品也有待进一步完善。

（2）成长期：这时顾客对产品已经熟悉，大量的新顾客开始购买，市场逐步扩大。产品大批量生产，生产成本相对降低，企业的销售额迅速上升，利润也迅速增长。竞争者看到有利可图，将纷纷进入市场参与竞争，使同类产品供给量增加，价格随之下降，企业利润增长速度逐步减慢，最后达到生命周期利润的最高点。

（3）成熟期：市场需求趋于饱和，潜在的顾客已经很少，销售额增长缓慢直至转而下降，标志着产品进入成熟期。在这一阶段，竞争逐渐加剧，产品售价降低，促销费用增加，企业利润下降。

（4）衰退期：随着科学技术的发展，新产品或新的代用品出现，将使顾客的消费习惯发生改变，转向其他产品，从而使原来产品的销售额和利润额迅速下降。于是，产品又进入衰退期，这一时期产品逐渐退出市场，销售者不得不采取打折促销降价销售等方式来处理库存产品。

图 7-1 所示为产品生命周期的变化。

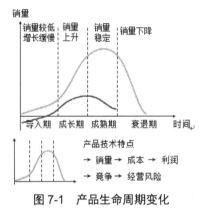

图 7-1　产品生命周期变化

产品生命周期是和企业制定产品策略以及营销策略有着直接的联系，管理者要想使他的产品有一个较长的销售周期，就必须认真研究和运用产品的生命周期理论，此外，产品生命周期也是营销人员用来描述产品和市场运作方法的有力工具。

表 7-1 所示为产品在不同生命周期的销售量、利润、购买者、竞争方面的不同特征。

表 7-1　产品在不同生命周期的特征

	导入期	成长期	成熟期		衰退期
			前期	后期	
销售量	低	快速增大	继续增长	有降低趋势	下降
利润	微小或负	大	高峰	逐渐下降	低或负

续表

	导入期	成长期	成熟期		衰退期
			前期	后期	
购买者	爱好新奇者	较多	大众	大众	后随者
竞争	甚微	兴起	增加	甚多	减少

7.1.2 特殊的产品生命周期

特殊的产品生命周期是指特殊品类或品牌的产品的生命周期，包括风格型产品生命周期、时尚型产品生命周期、热潮型产品生命周期、扇贝型产品生命周期四种特殊的类型，它们的产品生命周期曲线并非是通常的 S 形。

（1）风格型（style）：是一种在人类生活基本但特点突出的表现方式。风格一旦产生，可能会延续数代，根据人们对它的兴趣而呈现出一种循环再循环的模式，时而流行，时而又可能并不流行。

（2）时尚型（fashion）：是指在某一领域里，目前为大家所接受且欢迎的风格。时尚型的产品生命周期特点是，刚上市时很少有人接纳（称之为独特阶段），但接纳人数随着时间慢慢增长（模仿阶段），终于被广泛接受（大量流行阶段），最后缓慢衰退（衰退阶段），消费者开始将注意力转向另一种更吸引他们的时尚。

（3）热潮型（fad）：是一种来势汹汹且很快就吸引大众注意的时尚，俗称时髦。热潮型产品的生命周期往往快速成长又快速衰退，主要是因为它只是满足人类一时的好奇心或需求，所吸引的只限于少数寻求刺激、标新立异的人，通常无法满足更强烈的需求。

（4）扇贝型产品生命周期主要指产品生命周期不断地延伸再延伸，这往往是因为产品创新或不时发现新的用途。

图 7-2 所示为特殊的产品生命周期。

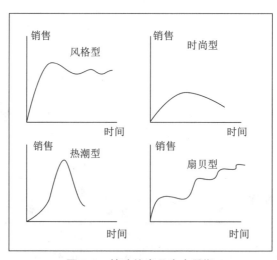

图 7-2 特殊的产品生命周期

7.1.3 产品生命周期各阶段的策略

产品处于不同的生命周期阶段有着不同的特征，相应地也有着不同的营销策略，具体内容如下。

1. 导入期的营销策略

在商品导入期，由于消费者对商品十分陌生，一方面，企业必须通过各种促销手段把商品引入市场，力争提高商品的市场知名度；另一方面，导入期的生产成本和销售成本相对较高，企业营销的重点主要集中在促销和价格方面。

（1）高价快速策略：采取高价格的同时，配合大量的宣传推销活动，把新产品推入市场，抢先占领市场，并希望在竞争还没有大量出现之前就能收回成本，获得利润。

（2）选择渗透策略：在采用高价格的同时，只投入很少的成本促销。高价格的目的在于能够及时收回投资，获取利润；低促销的方法可以减少销售成本。

（3）低价快速策略：在采用低价格的同时做出巨大的促销努力，可以使商品迅速进入市场，有效地限制竞争对手的出现，为企业带来巨大的市场占有率。

（4）缓慢渗透策略：在新产品进入市场时采取低价格，同时不做大的促销努力。低价格有助于市场快速地接受商品；低促销又能使企业减少费用开支，降低成本。

2. 成长期的营销策略

在商品进入成长期以后，有越来越多的消费者开始接受并使用，企业的销售额直线上升，利润增加。竞争对手也会纷至沓来，威胁企业的市场地位。在成长期，企业的营销重点应该放在保持并且扩大自己的市场份额，加速销售额的上升方面。另外，企业还必须注意成长速度的变化，适时调整策略。

（1）积极筹措和集中必要的人力、物力和财力，进行基本建设或者技术改造，以利于迅速增加或者扩大生产批量。

（2）改进商品的质量，增加商品的新特色，在商标、包装、款式、规格和定价方面做出改进。同时，进一步开展市场细分，积极开拓新的市场，创造新的用户，以利于扩大销售。

（3）努力疏通并增加新的流通渠道，扩大产品的销售面。改变企业的促销重点。例如，在广告宣传上，从介绍产品转为建立形象，以利于进一步提高企业产品在社会上的声誉。

（4）充分利用价格手段。在成长期，虽然市场需求量较大，但在适当时机企业可以降低价格，以增加竞争力。当然，降价可能暂时减少企业的利润，但是随着市场份额的扩大，长期利润还可望增加。

3. 成熟期的营销策略

在成熟期中，有的弱势产品应该放弃，以节省费用开发新产品；但是同时也要注意到原来的产品可能还有其发展潜力，有的产品就是由于开发了新用途或者新的功能而重新进入新的生命周期的。因此，企业不应该忽略或者仅仅是消极地防卫产品的衰退。企业应该有系统地考虑市场、产品及营销组合的修正策略。

（1）市场修正策略：通过努力开发新的市场，来保持和扩大自己的商品市场份额，寻找市场中未被开发的部分；通过宣传推广，促使顾客更频繁地使用或每一次使用更多的量，以增加现有顾客的购买量；通过市场细分化，努力打入新的市场区划。

（2）产品改良策略：企业可以通过产品特征的改良，来提高销售量。例如，品质改良、特性改良、式样改良等。

（3）营销组合调整策略：企业通过调整营销组合中的某一因素或者多个因素，以刺激销售，例如，通过降低售价来加强竞争力，改变广告方式以引起消费者的兴趣，采用多种促销方式如大型展销、附赠礼品，扩展销售渠道，改进服务方式或者货款结算方式等。

4. 衰退期的营销战略

当商品进入衰退期时，企业不能简单一弃了之，也不应该恋恋不舍，一味维持原有的生产和销售规模。企业必须研究商品在市场的真实地位，然后决定是继续经营下去，还是放弃经营。

（1）维持策略：企业在目标市场、价格、销售渠道、促销等方面维持现状。由于这一阶段很多企业会先行退出市场，对一些有条件的企业来说，并不一定会减少销售量和利润。

（2）缩减策略：企业仍然留在原来的目标上继续经营，但是根据市场变动的情况和行业退出障碍水平在规模上做出适当的收缩。如果把所有的营销力量集中到一个或者少数几个细分市场上，以加强这几个细分市场的营销力量，也可以大幅度地降低市场营销的费用，以增加当前的利润。

（3）撤退利润：企业决定放弃经营某种商品以撤出该目标市场。在撤出目标市场时，企业应该主动考虑将进入哪一个新区划，经营哪一种新产品，可以利用以前的那些资源，品牌及生产设备等残余资源如何转让或者出卖等。

表 7-2 所示为不同生命周期的产品营销策略。

表 7-2　不同生命周期的产品营销策略

阶　段		导　入　期	成　长　期	成　熟　期	衰　退　期
特征	销售额	低	快速增长	缓慢增长	衰退
	利润	易变动	顶峰	下降	低
	现金流量	负数	适度	高	低
	顾客	创新使用者	大多数人	大多数人	落后者
	竞争者	稀少	渐多	最多	渐少
策略	策略重心	扩张市场	渗透市场	保持市场占有率	提高生产率
	营销支出	高	高（但百分比下降）	下降	低
	营销重点	产品知晓	品牌偏好	品牌忠诚度	选择性
	营销目的	提高产品知名度及产品试用	追求最大市场占有率	追求最大利润及保持市场占有率	减少支出及增加利润回收

续表

阶　段		导　入　期	成　长　期	成　熟　期	衰　退　期
策略	分销方式	选择性的分销	密集式	更加密集式	排除不合适、效率差的渠道
	价格	成本加成法策略	渗透性价格策略	竞争性价格策略	削价策略
	产品	基本型为主	改进品，增加产品种类及服务保证	差异化，多样化的产品及品牌	剔除弱势产品项目

课堂讨论： 尝试分析某一品牌的产品生命周期。

7.2　产品生命周期各阶段消费者的心理特点

一个新产品从投放市场开始，到它失去竞争能力、在市场上被淘汰为止，每个时期的产品具有各不相同的特点，对消费者心理的影响也不同。

1. 导入期产品对消费心理的影响

导入期产品所以能引起消费的需求在很大程度上是基于对消费者需求的满足，如产品新颖的款式、独特的功能，正好能够满足早期采用者求新、求美的特殊心理需要。 新产品的一大特点便是它的新。无论是新产品的开发，还是在原有产品基础之上的革新、改进，都会使得它的构造、外形、功能等方面较之以前的同类产品进一大步。正是由于新产品的"新"，使得一部分消费者，在特定心理驱使之下形成购买，起到带头消费新产品的作用。冲动型购买者和情绪决定型购买者，他们的个性特征最充分地是表现他们直率、热情、精力旺盛、情绪容易冲动，心境变化也比较快，容易接受新事物、新观点，并且有较高的自我实现要求。导入期产品这个特点正符合这两类消费者的心理要求。对此，企业应当加强对新产品的性能与特点的宣传，从一般的宣传手段到实物演示宣传，以消除他们的疑虑心理。使消费者尽快了解产品的特点和优点，以形成购买。

图 7-3 所示为某品牌手机，该品牌手机在投入市场前召开新闻发布会宣讲手机新功能，引发热议。

2. 成长期产品对消费心理的影响

从购买者的心理状态看，他们购买了这种产品，或者接受了这种产品的有关

图 7-3　某品牌手机

信息，如广告宣传、实物演示等，他们总是希望能把这些信息传递给相关的人，而且也希望别人承认并接受这种商品，从而在心理上得到满足。在成长期，由于产品进入市场的时间还不太长，商品本身还会出现一些变化，消费者虽然已在很大程度上接受并肯定了它们，但由于以上的这些疑虑心理，认为一旦购买，还存在一定风

险性，这就使得消费者在购买这种商品时，具有了比较大的比较性和选择性。产品进入成长期以后，消费者不仅要求物美，更要求价廉。大众消费者往往是价格敏感者，他们在对商品认识过程的同时，也对商品的价格进行比较分析。从常规上说，产品进入成长期，开始批量生产，产品的成本有所下降，价格就应当有所降低。处于成长期的产品，抖音等短视频营销手段在品牌营销的过程当中发挥着重要的作用，很多品牌都是在抖音上火起来之后，也在线下被消费者所追捧。图 7-4 所示为在抖音上火起来的某网红奶茶。

图 7-4　某网红奶茶

3. 成熟期的消费者心理

经历了导入期、成长期，消费者对产品有了一定的认知，但仍然可能像成长期中的购买者那样，对产品抱不完全信任的态度，在这一时期，促进消费者尽快实现购买行为的最好途径是加强他们对产品的继续感知的程度。比如继续加强广告宣传，继续进行成功的实物演示，以使这些为数最多的消费者尽早地对产品产生肯定评价，从而使肯定心理在他们的心中形成定势，促使他们成为这种商品的忠实消费者。进入成熟期之后，市场上同类产品丰富，基本消费群众在发生购买行为之前，已经接受了来自各方面尤其是来自相关群体的信息，他们了解这种产品的优点，对这种产品的不尽人意之处也同样了解。因此，他们会对市场上出现的这种产品进行尽可能地比较、选择。包括对产品功能、产品造型、色彩的选择，对产品价格的比较选择，以及对产品的售后服务与零配件供应便利程度的选择等。所以，对进入成熟期的商品，为了满足消费者的这一心理转变，在产品策略上，应注意充分发展变型产品，为消费者提供新的利益；或者是增加产品的服务项目，满足消费者取得额外益处的心理欲望。

4. 衰退期的消费者心理

在衰退期之前，消费者会因为各种需要而去购买产品，如求名的心理需要、求新的心理需要、求美的心理需要等。但是，当产品进入衰退期之后，消费者对它产生需要的心理就完全不同了，产品往往给人一种"低廉"的感觉。因此，消费者或主要是因重复需要而购买，或主要是为了求廉而产生购买需要。处在衰退期的产品虽然已显过时，但产品的具体情况，如质量、用途，消费者都相当熟悉。而一旦市场出现了消费者期待出现的"新产品"，他们又会在各方面对它们抱怀疑，甚至完全不信任的态度。因为消费者对这种新出现的产品的信息还知道得不多，惟恐上当受骗。一直要等到产品进入新的成长期之后，大众的这种疑虑心理才可消除。总之，处在衰退期中的产品，由于它的衰落、陈旧、过时，在消费者心理产生了特定的影响。对企业来讲，应根据消费者的心理反应和产品在市场上的销售态势，来确定经营策略。

案例　**某品牌帆布鞋的成长历程**

　　小白鞋在抖音有多火？带上小白鞋话题的视频，在抖音已经被播放了超过 25.7 亿次。穿搭达人们热衷于以它为灵感，精心设计出各式搭配方案，很多消费者看了视频后被种草，然后下单。某品牌帆布鞋是小白鞋品类不可忽视的一个品牌。在抖音上的板鞋 / 休闲鞋爆款榜中，某品牌的一款帆布休闲鞋，冲进了 TOP5，累计 2.8 万双的销量，占据着绝对的优势。

　　和不少品牌相比，某品牌鞋有着更为悠久的历史。它的源头要追溯到 1927 年，并于 1935 年正式注册品牌，品牌内涵象征着能够战胜困难的巨大力量。新中国成立后，这一股力量注入体育界，此品牌开始为各种体育项目的国家队选手设计比赛专用鞋。在 20 世纪七八十年代，普通工人一个月的工资只有 30 块不到，而一双某品牌鞋接近 10 块钱，买双鞋就意味着要花掉 1/3 的工资，这也让此品牌成为那个时代的奢侈品。作家王朔曾用一段话形容当年该品牌鞋的红火："这款鞋和军帽一样是小流氓抢劫的主要目标，经常看到某帅哥神气地出去了，回来光着脚，鞋让人扒了。"

　　2000 年，华谊集团对该品牌实施重组整合。迈入新世纪的品牌，一直想要从颓势中谋求复苏，最终是线上电商渠道救了这个年迈的国货品牌。2016 年 7 月 16 日，在上海传奇地标老码头启动品牌升级战略，宣布以"终端直供＋电商平台"的"双轮驱动"的新模式，全力打造全新国货品牌。公开数据显示，2016 年，电商渠道销售额突破 1 亿元，线上门店也成为该品牌全球销量最大的单店。

　　如今，该品牌官方也入驻抖音平台，旗下各大经销商也纷纷开设了抖音小店，通过抖音平台直播带货的同时，输出创意内容。越来越多的年轻人开始通过抖音和短视频认识了小白鞋，愿意为这股复古的新潮买单。图 7-5 所示为某品牌帆布鞋。

图 7-5　某品牌帆布鞋

✎ **课堂讨论**：处于不同生命周期阶段的产品是如何影响消费者购买心理的？

7.3　新产品的含义

消费者的需求处于不断发展变化当中，相应地产品也处于不断地更新换代当中，新产品替代旧产品是市场发展的必然规律，也是市场营销者应该重点考虑的因素。

7.3.1　新产品的概念

新产品的概念比较广泛，除包含因科技创新所产生的新产品外，还包括在生产销售、功能形态上发生改变的产品，甚至只是产品从原有市场进入新的市场，都可视为新产品。在消费者方面，则是指能进入市场给消费者提供新的利益或新的效用而被消费者认可的产品。

（1）全新产品：应用新原理、新技术、新材料，具有新结构、新功能的产品。

（2）改进型新产品：在原有老产品的基础上进行改进，使产品在结构、功能、品质、花色、款式及包装上具有新的特点和新的突破，改进后的新产品，其结构更加合理，功能更加齐全，品质更加优质，能更多地满足消费者不断变化的需要。

（3）模仿型新产品：企业对国内外市场上已有的产品进行模仿，称为本企业的新产品。

（4）形成系列型新产品：在原有的产品大类中开发出新的品种、花色、规格等，从而与企业原有产品形成系列，扩大产品的目标市场。

（5）降低成本型新产品：以较低的成本提供同样性能的新产品，主要是指企业利用新科技，改进生产工艺或提高生产效率，削减原产品的成本，但保持原有功能不变的新产品。

（6）重新定位型新产品：企业的老产品进入新的市场而被称为该市场的新产品。

7.3.2　新产品开发的程序

开发新产品要经历以下几个阶段。

（1）调查研究阶段：根据企业的经营目标、产品开发策略和资源条件确定新产品的开发目标，了解消费者需要的发展变化动向，以及影响市场需求变化的因素等。

（2）开发新产品创新阶段：根据调查研究的情况以及企业本身的条件，充分了解用户使用要求和竞争对手的动向，在一定范围内提出开发新产品的初步设想和构思创意。

（3）新产品开发创意的筛选阶段：这一阶段是从征集到的许多方案中选择出具有开发条件的构思创意。筛选时，一要坚持新产品开发的正确方向；二要兼顾企业长远发展和当前市场需要；三要有一定的技术储备。

（4）确定决策方案和编制设计任务书阶段：根据新产品开发目标的需求，对未来产品的基本特征和开发条件进行概括的描述，包括主要性能、目标成本、销售预计、开发投资、企业现有条件利用程度等，然后对不同方案进行技术经济论证比较。

（5）新产品设计与试制阶段：新产品设计一般分为初步设计、技术设计和工作图设计三个阶段。新产品试制一般包括样品试制和小批试制两个阶段。样品试制是校核设计的质量、产品的结构和性能等；小批试制是校核工艺，检察图纸的工艺性等。对决定试制的产品，还要进行商标、装潢设计。最后还要进行成本财务分析和初步定价。

（6）新产品试验阶段：对多数产品需要通过试用或试销检验。试用是指请用户直接试用样品，企业跟踪观察，及时收集试用实况、改进意见、用户的使用习惯。试销是指将产品及其商标、装潢与广告、销售服务的组织工作置于一个小型市场环境中，实地检验用户反应。

（7）正式生产和销售阶段：产品正式生产之前，要进行大量的生产技术准备工作，包括设备、工艺、工装、工具、动力、材料、人员培训等，它涉及企业的每个职工。

✎ **课堂讨论**：新产品是如何投放市场的？

7.4　影响消费者购买新产品的心理因素

影响消费者购买新产品的心理因素有很多，主要包括动机、感觉与知觉、学习、信念与态度四个方面，这四个方面很大程度上决定着对于新产品的消费过程。

1. 动机

任何购买活动总是受着一定的动机所支配，这种来自消费者内部的动力反映了消费者在生理上、心理上和感情上的需要。消费动机是推动消费者从事购买的欲望，在欲望的推动下，消费者才会进行购买。当下很多网红产品通过为消费者创造需求而引发消费者的购买动机，从而引发购买行为。图 7-6 所示为某网红护手霜，该产品通过在抖音等平台的传播触发了消费者的购买动机。

图 7-6　某网红护手霜

2. 感觉与知觉

感知即意识对内外界信息的觉察、感觉、注意、知觉的一系列过程，感知可分为感觉过程和知觉过程。当消费者感知到自身的需要与外界环境不协调，或自身所使用的产品与周围其他人使用的产品有落差时，则会去接触、了解并购买新产品，感知对于消费者购买新产品的意义即在于察觉到不协调并通过消费重新达到协调。

3. 学习

学习是一种由经验引起的个人行为相对持久变化的心理过程，是消费者通过使用、练习或观察等实践，逐步获得和积累经验，并根据经验调整购买行为的过程。消费者的信息接触过程也是一个不停学习的过程，学习新产品的特性、使用以及品牌等相关方面的知识，进而影响消费者的消费。图7-7所示为某美妆网红，该网红通过传递相关产品知识影响消费者对新产品的消费。

图 7-7　某美妆网红

4. 信念与态度

消费者在购买和使用商品的过程中形成了信念和态度，这些又反过来影响其未来的购买行为。企业在推广新产品时最好能使自己的产品迎合消费者已有的态度，或者通过为消费者创造新的更好的体验，以赢得消费者的青睐，而不是一味地宣称自己的优势而忽略消费者的感受。

图7-8所示为消费者选择新产品的过程。

图 7-8　消费者选择新产品的过程

课堂讨论：哪些因素会影响你对新产品的选择？

7.5　新产品购买者的类型

新产品的购买者主要有 5 个类型。

1. 最早购买者

最早购买者是新产品刚上市，最先实施购买的消费者。最早购买者的个性特征是自信心强，社交活跃，对产品信息敏感，富于创新精神，敢冒风险。同时由于经济条件较优越，对风险有较强的承受能力。最早购买者人数很少，但可以起到示范、表率、带动其他消费者的作用，因而是新产品推广的首要力量，是新产品消费带头人。

2. 早期购买者

早期购买者是新产品上市初期，继最早购买者购买之后，马上投入购买的消费者。这部分消费者经济条件较好，有较多的社交活动，注意从广告中了解新产品信息。求新、时髦心理对其购买行为影响较大，对新产品的态度积极，常跟在最早购买者之后购买新产品。早期购买者的个性特征是思想活跃，喜欢评论，常是公众意见领导者。

3. 早期大众

早期大众是经过最早购买者和早期购买者对新产品的特点、性能、用途等证实之后，而实施购买行为的消费者。他们的购买行为基本上发生在产品成长阶段。这部分消费者在消费中具有明显的同步和仿效心理，他们乐于接受新生事物，是促成新产品在市场上趋向成熟的主要力量，在早期购买者的消费体验影响下做出消费决策。

4. 晚期大众

晚期大众是当大部分消费者接受并使用新产品后才开始购买新产品的消费者，晚期大众的思想谨慎，个性多疑，行动畏缩不前。多数人经济条件一般，社会活动较少，信息不灵，反应迟钝，担心吃亏上当，总是被动地顺应消费趋势。当看到购买新产品的人数越来越多，并已证实新产品的特点及由此带来新的消费趋势后，他们才开始购买。

5. 落后采用者

落后采用者是最后购买和最终拒绝购买新产品的消费者，落后采用者的个性特征是保守、抑郁，对事物态度趋于稳定，遵从传统观念，文化水平和收入水平都很低，与外界缺乏沟通，信息闭塞。当新产品处于饱和状态或趋于衰退状态时，他们才实施购买。

课堂讨论：你属于哪种类型的新产品购买者？

7.6　产品品牌内容与消费心理分析

品牌（brand）是一种识别标志、一种精神象征、一种价值理念，它是由品牌名称、品牌标志和商标组成的。

1.品牌的代表性

目前,理论界对于品牌的定义有多种,可以概括为品牌形象论、品牌架构论、品牌营销论,比较有代表性的有以下4人。

(1)菲利普·科特勒:品牌是一个名称、名词、符号或设计,或者是它们的组合,其目的是使自己的产品或服务有别于其他竞争者。

(2)大卫·艾克:品牌就是产品符号人媒体与消费者之间的连接和沟通,品牌是一个全方位的架构,牵扯到消费者与品牌沟通的方方面面。

(3)大卫·奥格威:品牌是一个错综复杂的象征,它是品牌的属性、名称、包装、价格、历史声誉、广告、风格的无形组合,品牌同时也因消费者对其使用的形象及自身的经验而有所界定。

(4)唐·舒尔茨:品牌是为买卖双方所识别,并能为双方带来价值的东西,品牌不仅仅是一个名称或符号图案,它是消费者创造的一种公共关系。

2.品牌的功能

作为企业最重要的无形资产,品牌有以下几点主要的功能。

(1)产品或企业核心价值的体现:品牌是消费者记忆商品的工具。我们不仅要将商品销售给目标消费者,而且要使消费者或用户通过使用对商品产生好感,从而重复购买,不断宣传,形成品牌忠诚,使消费者或用户重复购买。消费者通过对品牌产品的使用,形成满意,就会围绕品牌形成消费经验,存贮在记忆中,为将来的消费决策形成依据。比如一想到某些国朝品牌,人们就会联想高质量、爱国等积极态度。图7-9所示为某国货品牌。

图 7-9 某国货品牌

(2)识别商品的分辨器:品牌的建立是由于竞争的需要,用来识别某个销售者的产品或服务的。品牌设计应具有独特性,有鲜明的个性特征、品牌的图案、文字等与竞争对手的区别，代表本企业的特点。同时，互不相同的品牌各自代表着不同形式、不同质量、不同服务的产品，可为消费者或用户购买、使用提供借鉴。通过品牌人们可以认知产品，并依据品牌选择购买。如每种汽车代表了不同的产品特性、不同的文化背景、不同的设计理念、不同的心理目标，消费者和用户便可根据自身的需要，依据产品特性进行选择。

（3）质量和信誉的保证：企业设计品牌，创立品牌，培养品牌的目的是希望此品牌能变为名牌，树品牌、创名牌是企业在市场竞争的条件下逐渐形成的共识，人们希望通过品牌对产品、企业更加区别，通过品牌形成品牌追随，通过品牌扩展市场。品牌的创立，名牌的形成正好能帮助企业实现上述目的，使品牌成为企业的有力竞争武器。品牌，特别是名牌的出现，使用户形成了一定程度的忠诚度、信任度、追随度，由此使企业在与对手竞争中拥有了后盾基础。

（4）企业的"摇钱树"：品牌以质量取胜，品牌常附有文化，情感内涵，所以品牌给产品增加了附加值。同时，品牌有一定的信任度、追随度，企业可以为品牌制定相对较高的价格，获得较高的利润。

3. 品牌的组成部分

那么，品牌的创建是由哪些部分组成的呢？

（1）品牌定位：品牌定位是指企业在市场定位和产品定位的基础上，对特定的品牌在文化取向及个性差异上的商业性决策，它是建立一个与目标市场有关的品牌形象的过程和结果。换言之，即指为某个特定品牌确定一个适当的市场位置，使商品在消费者的心中占领一个特殊的位置，当某种需要突然产生时，随即想到的品牌。品牌定位的理论来源于"定位之父"、全球顶级营销大师杰克·特劳特首创的战略定位。品牌定位是市场定位的核心和集中表现。企业一旦选定了目标市场，就要设计并塑造自己相应的产品、品牌及企业形象，以争取目标消费者的认同。

（2）品牌形象：品牌形象分为有形内容和无形内容，品牌形象的有形内容又称为"品牌的功能性"，即与品牌产品或服务相联系的特征。从消费和用户角度讲，"品牌的功能性"就是品牌产品或服务能满足其功能性需求的能力，品牌形象的这一有形内容是最基本的，是生成形象的基础，把产品或服务提供给消费者的动能性满足与品牌形象紧紧联系起来，使人们一接触品牌，便可以马上将其功能性特征与品牌形象有机结合起来，形成感性的认识。品牌形象的无形内容主要指品牌的独特魅力，是营销者赋予品牌的，并为消费者感知，接受的个性特征，主要反映了人们的情感，显示了人们的身份、地位、心理等个性化要求。

（3）品牌资产：品牌资产是与品牌、品牌名称和标志相联系，能够增加或减少企业所销售产品或服务的价值的一系列资产与负债。可以简单地被认为是品牌的价值，它主要包括5个方面，即品牌忠诚度、品牌认知度、品牌知名度、品牌联想、品牌其他资产（如商标、专利、渠道关系等），这些资产通过多种方式向消费者和企业提供价值。图7-10所示为品牌资产联想模型。

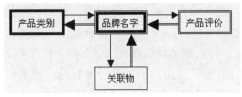

图 7-10　品牌资产联想模型

（4）品牌营销：品牌的网络营销，是指企业以电子技术为基础，以计算机网络为媒介和手段，进行各种营销活动的总称。网络营销的职能有：网站推广、网络品牌、信息发布、在线调研等。对于传统企业来说，网络营销一般从建立网站开始，企业的品牌形象在建立网站之前就已经确立了。在网上商店，既可以为企业扩展销售渠道提供便利的条件，又可以在电子商务平台上增加客户的信任度，将企业网站与网上商店相结合，塑造品牌。对于网络企业来说，企业的品牌形象是从网站开始的，网站在一定程度上代表着企业的品牌。例如，阿里巴巴是一个拥有众多商家的电子商务网站，任何人或企业都可以在这里找买家、建公司、看商情、参展会。品牌培养与品牌营销应在传统、网络的基础上谋求发展，传统营销与网络营销也要在实践中逐步整合。

案例　**某品牌凉茶的成功：品牌定位理论的运用**

在中国的饮料市场，甚至是所有品牌之中，很难找到一个比某品牌凉茶更成功的商业案例。一句突出定位的广告语，帮助该品牌从悬崖边上活了下来，销售额重回巅峰。2016 年 4 月，该品牌换包装推出一周年，营业收入 220 亿元，蝉联中国罐装饮料销量第一名。过去近 20 年中，该品牌主要有三个最重要的战略节点。第一，2002 年，将凉茶定位为"预防上火的饮料"，把凉茶品类从药饮带向饮料，开创了更为广大的顾客群体；第二，2006 年，聚焦北京的餐饮市场，把这一细分市场打透，然后在 2008 年借势北京奥运，将北京市场一举拿下，一跃成为国民饮料；第三，2012 年被迫要启动自己全新的品牌，竞争对手是自己培养的超级大品牌，这一仗"换头术"实施得极为成功。

该品牌的定位实践给我们两个最大的启示：一是如何从无到有创建一个新的品类；二是如何充分发挥用户心智的力量。凉茶有上千年的历史，但是一直都是一个非常小众的岭南区域产品，曾经"北伐"了几次都不成功。如何把它变成一个广大消费者普遍接受的品类呢？

首先，该品牌凉茶重新定位为"预防上火的饮料"；其次，该品牌特别注意了把握战略节奏和筑高势能。第一，精准把握战略节奏，该快的时候快，该慢的时候慢。比如 2007 年，该品牌唯一的战略任务是把所有资源投放在北京市场，北京市场的成功借势了 2008 年奥运会带动了整个北方市场，从而让南方人喝的饮料成了全国畅销的饮料。第二，持续提升品牌势能，不断补充新的势能，使新品类不至于昙花一现，这是快消品行业很常见的陷阱。比如该品牌的定价始终高于某品牌可乐，每进入一个新城市，一开始只进餐饮市场，不进超市卖场及零售商店。首先成为餐饮店里最高档的饮料，待积蓄足够高的品牌势能之后，再顺势进入超市及街边店。通过定位引领战略，从 2002 年到 2011 年，该品牌将凉茶的销售额从 1 亿元做到了 150 亿元，在中国的销售额超越可乐。

2012 年，该品牌遭遇生死考验。它面临的局面是，一夜之间失去了经营十几年、价值连城的老品牌，这在世界商战史上已经是极为罕见的情况，更加离奇的是，竞争对手正是自己培养起来的一个超级大品牌，一夜之间就成了对立面。当时更危急的是，包括供应商、中草药农户、经销商、企业员工等几十万人的生计，系于该品牌能否生存下去。该品牌下定决心，履行所有合同、不毁约、不裁员、不降薪，把对社会的冲击降到最小。只有 14 亿消费者的心智资源，才能帮助企业完成这个不可能完成的任务。该品牌借用消费者心智的力量，将失去品牌这一毁灭性事件，重新定位为"只是旧品牌更名"，真正算是乾坤大挪移，调动原品牌的力量再造新品牌。在实施这一重新定位的过程中，无论是媒体、消费者，甚至是同行、对手，也都在心智中接受了"只是更名"的定位，都认为这只是一次更名之争。

由此，新品牌顺利对接原品牌的心智资源，稳住了销售，履行了当初对社会的承诺，完成了一次不可能完成的任务——在短短几个月内，迅速重新建立起了一个两百亿级的新品牌。

课堂讨论： 品牌创建都应考虑哪些因素？

7.7 产品包装与消费心理分析

产品包装是消费者对产品的第一印象，直接刺激了人们的购买欲望，从而影响到消费者接下来的购买行为，因此，包装的设计对于消费十分重要。品牌主一定要洞察消费者心理，有针对性地设计包装。

1. 增强受众对包装的印象

引起人的注意是增强包装效果的首要因素，也是加强受众对包装印象的重要因素之一。一个包装设计要想使受众注意并能理解、领会、形成固定的记忆，最重要的是色彩因素，色彩的心理功能是由于生理功能作用于大脑而形成的。在人们的视觉认知活动中，不是被动接受客观刺激物的刺激作用，而是在客观刺激物和人的主观内部心理因素相互作用下进行的。包装设计中的文字、图形、色彩及造型形态，对消费者来说，都是一种引发刺激的元素，而这些刺激物具备一定的新颖形象特征就能引起消费者的注意，增加受众对包装的印象，并且对其印象有一定的延续性。图 7-11 所示为产品的特色包装，结合产品特色进行趣味设计，更容易给消费者留下深刻印象。

图 7-11　产品的特色包装

2. 引起受众的情感心理

设计师对包装做到醒目、夸张并不太困难，但要真正做到与众不同，同时又能体现出商品的文化内涵及商品的自身特点，是设计过程中非常关键的。在包装设计元素中，色彩无疑是最能引起受众的情绪的。包装设计所使用的色彩，会使消费者产生联想，诱发各种情感，使购买心理不断发生变化。但在包装设计上使用色彩来激发人的情感时也要遵循色彩的规律，避免色彩错用。例如，在我们现实生活中，消费者购买补品，大多会对大面积暖色调的商品包装感到满足，而对清洁用品则对冷色调包装感兴趣，这既是商品主观因素又是消费者情感心理的作用。图 7-12 所示为冷色系的洗衣凝珠产品。

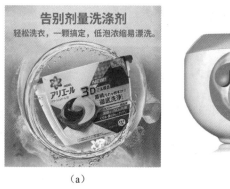

（a）　　　　　　　　　　　　　　（b）

图 7-12　冷色系的洗衣凝珠产品

3. 满足受众购买需求

消费者购买商品，商品包装不仅能够满足受众物质需要，也能满足社会和精神需要。例如，包装在衣食住行上无所不在，包装设计就是为了促进人物的购买欲望同时满足受众的物质需要；各种书籍、杂志包装让受众在满足精神上的需要同时又满足了视觉上的需要。消费者的购买行为有时是由一种动机支配的，有时是由多种复杂动机综合支配的。这些动机往往交织在一起构成购买行为体系。满足精神、社会需要的动机常常伴随满足生理、物质需要的动机。图 7-13 所示为厚纸板包装的图册，其使用坚硬的纸板作为外壳，能更加有效地保护图册内容，美观又实用。

图 7-13　厚纸板包装的图册

常见的产品包装对消费心理的影响主要有以下几种。

（1）方便与实用心理：消费者的心理是营销的最大市场，人们消费心理的多元性和差异性决定了商品包装必须有多元的情感诉求才能吸引特定的消费群体产生预期的购买行为。购物者都求方便。例如，透明或者开窗式包装的食品可以方便挑选、组合式包装的礼品盒可以方便使用、软包装饮料可以方便携带等。包装的方便易用增添了商品的吸引力，求方便是普遍的消费心理。

（2）新颖与美观心理：消费者以追求商品包装新颖、时髦为主要目的一种心理。此类心理的消费者多为青年人，他们富有朝气、爱赶潮流、易受外界因素影响，选购商品时注重商品的装潢、色彩、款式，不太注意商品是否实用和价格高低，往往被商品包装的时髦和新奇所吸引，产生购买动机。

图 7-14 所示为精致的礼物包装。

（a）　　　　　　　　　　　　　　　（b）

图 7-14　精致的礼物包装

🖋 **课堂讨论**：什么样的包装最能吸引你购买产品？

7.8　产品功能对消费心理的影响

产品功能（product function）是指这个产品所具有的特定职能，即是产品总体的功用或用途。顾客购买一种产品实际上是购买的产品所具有的功能和产品使用性能。比如，汽车有代步的功能、冰箱有保持食物新鲜的功能、空调有调节空气温度的功能等。

产品功能与顾客的需求有关，如果产品不具备顾客需要的功能，则会给顾客留下不好的产品质量印象；如果产品具备顾客意想不到但很需要的功能，就会给顾客留下很好的产品质量印象；如果产品具备顾客所不希望的功能，顾客则会感觉企业浪费了顾客的金钱付出，也不会认为产品质量好。

依据产品功能侧重点的不同，可以将产品概括为三种类型，即功能型产品、风格型产品和身份型产品。

1. 功能型产品

功能型产品也称实用型产品，顾名思义，这类型产品以强调使用功能为主，设计的着眼点是结构的合理性，重在功能的完善和优化，外观造型依附于功能特征实现的基础之上，不过分追求形式感，表现出更多偏向于理性和结构外露的特点。各种工具、功能简易的产品、机器设备和零部件等基本上都属于这一类型。

2. 风格型产品

风格型产品又称情感型产品，这类型产品除了具备一定的功能外更追求造型和外观的个性化，强调与众不同的造型款式和张扬独特的使用方式。在个人消费品、娱乐和时尚类产品中表现得尤其突出。

3. 身份型产品

身份型产品又称象征型产品，这类型产品与前两者不同的地方是更突显精神的象征性，消费者以拥有它而感到自豪和满足，别人亦因产品而对主人的身份和地位产生某种认同和肯定。如帝王的专用物品、超豪华的生活用品和高端品牌定位下的各种产品都具有身份象征的作用。

案例 某电动车品牌的智能化之路

不同于几十年前的简单拼装，现如今的电动车，不仅在外观上有了很大改观，出现了时尚龟系、方正牛系、锐利鹰系、滑板车等样式各异的产品。在产品的性能上，也是越来越丰富，电动车增加了一键启动、App 智能互联、感应解锁、车载导航等多种功能，单纯的出行代步工具，渐渐演变成了多功能"时尚单品"。变化产生的背后，以往由厂家主导产品生产设计的常态也慢慢被打破，以用户需求为主导的智能化、差异化、个性化、高端化产品逐渐成为品牌产品研发大趋势。

当今以市场经济为主导的大环境下，必然还是要遵循市场经济的发展规律。随着互联网的发展，智能化浪潮开始席卷各行各业，出行领域，电动车的智能属性也逐渐被挖掘。在 5G 和物联网带来的消费升级下，以用户的个性化需求为中心也变得愈加明显，智能化出行逐渐成为趋势。智慧功能已成为用户选择产品的一大要素，各企业新推出的产品也大都搭载基础的智能功能。某电动车品牌，将智能 App 与车辆结合，开创了智能电动车的先河，也因此受到广大网友的热捧。

紧接着，行业内各大传统品牌纷纷开始涉足智能化，先后出现了一系列智能应用以及智能产品。到了 2019 年底，九号机器人强势入局电动车行业，也从此开启了电动车"真智能"的发展之路。此时的电动车，不单是简单的 App 连接操控，更有感应系统、三重防盗、无钥匙启动等智能功能。

电动车智能化，正是基于从用户需求出发，在不改变现有的使用习惯基础上，围绕"人"来设计，让电动车变得更加人性化。虽然，从当前市场看，长续航、充电快、耐用安全、高性价比等指标仍然是消费者选购产品的主旋律，但智能化、锂电化等差异化功能，已然成为各品牌相互博弈的新战场。而不论是续航、充电速度还是智能化、节能环保等功能，都是市场选择的必然发展趋势，要么做到极致，要么做到差异化，一切只为满足消费者需求，为消费者出行提供更多可能。

年轻消费者成为主力军，是厂家主导产品生产设计的常态被打破的又一原因，以"90后""95后""00后"为代表的新一代的年轻消费群体，对价格的敏感度越来越低，对产品的质量、品牌的个性度要求越来越高，这对电动车的品牌价值和技术含量提出了更高的要求，也为各大车企今后的产品打造和品牌运营提供了全新的思路。

（1）产品外观审美需求提升：年轻一代消费者更加注重车辆颜值和个性化，市场中逐渐涌现出大批不同风格、具有突破性外观或主题定制的车型。

（2）产品功能丰富需求提升：传统的电动车只具有单纯的代步属性，而在年轻群体中，电动车除了代步属性之外，也有了一定的社交属性，从各类车友会中可见一斑。

图 7-15 所示为某电动车品牌产品。

（a）　　　　　　　　　　（b）

图 7-15　某电动车品牌产品

✏ **课堂讨论：** 你对产品的选择侧重于哪些功能？

7.9　本章小结

本章首先对产品生命周期以及不同生命周期阶段对应的营销策略进行了阐述，进而对于新产品的设计、营销进行了分析，结合产品与消费者心理的相互作用，对产品的相关知识进行了解读。产品是消费者消费的对象，是消费者在消费活动中最重要的目标，对于消费者心理的分析一定要结合产品的不同特征，来有针对性地进行研究。随着网络社会的发展，产品的营销也呈现出许多新的特征，我们要把握营销环境的变化，积极地进行应对。

第8章 价格与消费心理

在经典的 4P 营销理论中,价格是营销中较难实践和评价的一环。一方面,因为当今时代的营销工作被极度细分,价格这种全局性、战略性的工作被切割得很细碎,很难理清头绪;另一方面,价格本身充满了不确定性,不是简单基于成本和竞争而定价,而且涉及众多心理因素。价格的变动时刻影响着消费者的消费心理和对产品、品牌的评价,成功的定价是既能激发消费者的购买欲望,同时又能促使消费者形成对于品牌的评价。影响价格的因素有很多,产品的成本、品牌的定位、市场环境的变化都会不同程度影响着消费者的消费心理,在产品投放市场之前,一定要进行充分的调研,了解市场环境以及产品的定位,制定合理的产品价格,促进产品销售。

那么,产品究竟是如何定价的呢?产品的定价又是如何影响消费者心理的呢?这一章让我们一起来学习一下。

8.1 消费者价格心理的含义

消费者价格心理是指消费者对商品价格的心理反应,是影响消费者购买行为的重要因素,消费者价格心理的特征主要体现在以下 4 个方面。

1. 习惯性

反复的购买活动会使消费者对某种商品的价格形成大致的概念,这种价格也叫习惯价格。消费者判断频繁购买的商品价格高低时,往往以习惯价格为标准。在习惯价格以内的价格,就认为是合理的,价格超过上限则认为太贵,价格低于下限会对质量产生怀疑。例如,消费者对于洗发水的心理价位就是某一价格,即使尝试其他品牌或者产品,那么也会依据这个锚定价格进行选择。

图 8-1 所示为某电商平台部分洗发水产品。

2. 敏感性

消费者对商品价格的心理反应程度的强弱与该商品价格变动幅度的大小通常按同方向变化。但违反这种心理变化的情况也经常发生。有些商品即使价格调整幅度很大,消费者也不会产生强烈的心理反应。造成这种差异的原因是消费者对各种商品价格变动的敏感性不同。一般来说,消费者对需要经常购买的日用品价格变动很敏感,对购买次数少的高档消费品价格变动则比较迟钝。图 8-2 所示为日用品在互联网销售平台的折扣海报。

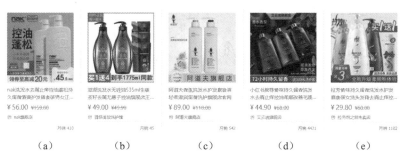

<table>
<tr><td>（a）</td><td>（b）</td><td>（c）</td><td>（d）</td><td>（e）</td></tr>
</table>

图 8-1　某电商平台部分洗发水产品

（a）　　　　　　　　　　（b）

图 8-2　日用品在互联网销售平台的折扣海报

3. 感受性

消费者对商品价格高低的判断不完全以绝对价格为标准，还受其他因素的影响，主要有商品轻重、大小、商标、包装、色彩；商品的使用价值和社会价值；货位摆布、服务方式、售货场所的气氛等。由于刺激因素造成的错觉，有的商品绝对价格相对高一些，消费者会觉得便宜；有的商品绝对价格相对低一些，消费者会觉得很贵。例如，当下很多网店都会详细描述商品的功能，放大商品的使用场景，让消费者感到物超所值。图 8-3 所示为某品牌车载香水，将其功能罗列出来，提升消费者的感知价值。

4. 倾向性

消费者对商品价格的选择倾向或为高价，或为低价，这种选择倾向往往是因人而异的。前者多为经济状况较好，怀有求名、显贵动机及炫耀心理的消费者，此类消费者出于表明身份的目的进行消费；后者多属经济状况一般，怀有求实惠动机的消费者，此类消费者则更多关注商品的性价比，力求物有所值甚至物超所值。

图 8-3　某品牌车载香水

任何一次成功的市场营销都是在把握消费者价格心理的基础上进行的，作为理性的消费者，对于价格的变动还是比较敏感的，价格的变动直接会影响消费者的心理及其行为，同时价格的高低也会影响着消费者对于品牌的评价，进而影响品牌塑造的成败。因此，在实际的商业活动中，品牌主一定要洞察消费者的价格心理，明确产品的市场定位，针对不同类型的消费者实施有针对性的价格战略，通过对于消费者心理的把握，因势利导，促进商品的销售和品牌的塑造。

案例 忽略消费者价格心理，导致某品牌矿泉水失利

某品牌矿泉水品质优良，且有大品牌为其做背书，该品牌领导层坚信产品投入市场一定会得到良好的响应。但自该品牌投放市场以来，一直却处于亏损状态，甚至有市场人士指出，部分渠道拿货直接低于出厂价，"卖得多，赔得多"。然而，很少有人知道，论产品品质，该品牌应远高于很多竞品，但两者的策略却完全不同：竞品愿20年磨一剑，该品牌却习惯了"短期赚快钱"的地产思维模式，想"一口吃成胖子"。该品牌市场价格持续走低，从曾经的 5 元一瓶，降到 3.5 元、2.5 元一瓶，最后甚至跌到 1 元一瓶。目前，很多零售平台，该品牌矿泉水的零售价格都约为 1 元一瓶。

"现在市场上竟然还有 1 元钱一瓶的水"，有消费者惊叹。事实上，在业内人士看来，该品牌的矿泉水，产品品质远高于一些大品牌的天然水，在定价上应该高于这些竞品，而如今，竞品的零售价都是 2 元一瓶，甚至有的更高。

根据国家标准来说，饮用天然水，是从地下深处自然涌出或经钻井采集的，含有一定量的矿物质、微量元素或其他成分，在一定区域未受污染并采取预防措施避免污染的水。但很多天然水中，矿物质的含量也达不到标准值。人工处理水，也会添加一些矿物质，但可能只有 3 ～ 4 种矿物质。而天然矿泉水应含有 20 ～ 30 种人体所需的微量元素和矿物质，矿物质含量丰富的水，有助于补充人体的微量元素。所以业内在判断水的好坏的时候，一般遵循一个简单的排序公式：天然矿泉水 > 饮用天然水 > 人工处理水。也就是说，该品牌的水质是优于其他竞品的。

即使这样，该品牌还是始终处于低谷，甚至处于严重亏损状态。为什么有好的产品，资金链充足还是会导致营销的失败呢？究其原因，除了上层决策者对矿泉水行业缺乏了解外，更重要的是对于消费者的价格心理缺乏了解。该产品初投放市场价格过高，超过了消费者对于矿泉水的心理价格，在消费者心中，一瓶矿泉水就值 2 元，超出这个价格消费者就无法说服自己进行购买。后来即使该产品降价，也会给消费者造成产品品质下降的错觉，同样无法挽回消费者。对于矿泉水这种快消品，消费者的价格心理往往是比较敏感的，价格过高或过低都会给消费者带来心理上的不适，而想要让消费者改变心理价位是一件很不容易的事。

图 8-4 所示为某品牌矿泉水。

图 8-4　某品牌矿泉水

课堂讨论：价格变动如何影响你的消费心理？

8.2 消费者价格心理的功能

消费者价格心理在消费者的消费活动中发挥着重要的功能，主要体现在以下几个方面。

（1）价格是消费者衡量商品价值和品质的直接标准

在消费者对商品品质、性能知之甚少的情况下，主要通过价格判断商品品质。许多人认为价格高表示商品质量好，价格低表明商品品质差，这种心理认识与成本定价方法以及价格构成理论相一致。所以，便宜的价格不一定能促进消费者购买，相反可能会使消费者产生对商品品质、性能、后期服务等方面的怀疑。适中的价格，可以使消费者对商品品质、性能有"放心感"，从而简化购买程序，获得良好的消费体验。

图 8-5 所示为某电商平台策划的"315 放心购"活动海报。

图 8-5　某电商平台策划的"315 放心购"活动海报

（2）价格是消费者社会地位和经济收入的象征

一些人往往把某些高档商品同一定的社会地位、经济收入、文化修养等联系在一起，认为购买高价格的商品，可以显示自己优越的社会地位、丰厚的经济收入和高雅的文化修养，可以博得别人的尊敬，并以此为满足；相反，使用价格便宜的商品，则感到与自己的身份地位不符，拉低自己的品位。在日常消费活动中，商品成为很多人彰显身份地位的重要媒介，他们通过消费价格昂贵的商品来展现自己的社会地位和经济实力，这也使得很多奢侈品品牌得以畅销，例如，某些品牌的豪车就是身份地位的象征。图 8-6 所示为某品牌豪车。

图 8-6　某品牌豪车

（3）价格直接影响消费者的需要量

一般来说，价格上升会引起需要量下降，抑制消费；
价格下降会增加需要量，刺激消费。但有时情况相反，
各种商品价格普遍上升时，会使消费者预期未来价格
将继续上升，增加即期需要量；反之，则预期未来价
格将继续下降，减少即期需要量，产生"买涨不买落"
心理。造成这种情况的原因是消费者的生活经验、经
济条件、知觉程度、心理特征等有着不同程度的差异，
他们对价格的认识及心理反应千差万别。图 8-7 所示为
供需曲线变化。

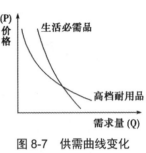

图 8-7　供需曲线变化

🔨 **课堂讨论**：你在选购商品时，主要考虑哪些价格因素？

8.3　价格影响消费心理的表现分析

影响消费者价格心理的因素是多方面的，诸如消费者的收入状况、市场竞争程度、
国家的宏观政策、消费者的时间与主动性情况等。在我们日常消费活动中，最常见
的因素有以下 5 种。

1. 需求

需求是一定时期内以各种价格在市场中可能销售的商品数量。经济学认为，人
作为纯理性的"经济人"，购买商品的数量取决于商品的价格。商品的价格越高，消
费者对该商品或服务的需求就越少，反之则增加。同时，消费者对需求的判断也会
影响价格，消费者若认为当前需求比较旺盛，超过了供给能力，则倾向于接受较高
的价格，否则不会接受，也就是我们生活当中常见的"饥饿营销"。图 8-8 所示为某
手机产品的"饥饿营销"宣传海报。

图 8-8　某手机产品的"饥饿营销"宣传海报

2. 消费预期

消费者结合商品的供给和需求状况及未来趋势，会对商品价格趋势做出判断，若认为某种商品或服务供大于求将出现，或认为随着技术的进步，某种技术产品面临着淘汰的可能，则会倾向于以低价购买甚至延迟购买。当消费者认为某种商品可能会涨价时，则倾向于立即购买或提前购买。图 8-9 所示为共享产品涨价的漫画。

图 8-9 共享产品涨价的漫画

3. 购买体验

消费者在购买时会把某一商品标价与他们在头脑中已经形成的这类商品的价格做比较。消费者在头脑中为进行这类比较而形成的价格被称为内部参照价格。例如，消费者可能认为 1 元钱是一包纸巾的合适价格，当商店提供的价格超过 1 元时消费者可能就会不接受。

4. 商店信誉

有时消费者会对他们经常进行购物的商场的价格信誉形成依赖，因此不用认真地比较分析价格信息。在一些以货物齐全、价格低廉著称的大型连锁商店中如家乐福、沃尔玛等，消费者会认为所有商品的价格都比其他场所的优惠而大量购买。

目前，在电商平台中，会让用户对商店进行评分，以此来衡量一个店铺的信誉。图 8-10 所示为某平台上的店铺信誉评分。

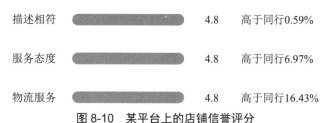

图 8-10 某平台上的店铺信誉评分

5. 消费者参与程度的高低

一般来说，对于消费者参与程度较低的商品或购买过程，价格对消费者的购买行为影响很小甚至没有影响，消费者往往会不看价格就进行购买，此类商品一般包括各种生活日用品等。

课堂讨论: 价格影响消费者心理表现在哪些方面?

8.4 新产品价格制定的依据

新产品是一个广义的新产品概念,它具体可以包括新发明产品、改进的产品和新的品牌。新产品除包含因科学技术在某一领域的重大发现外,还包括如下方面:在生产销售方面,只要产品在功能或形态上发生改变,与原来的产品产生差异,甚至只是产品单纯由原有市场进入新的市场,都可视为新产品;在消费者方面则指能进入市场给消费者提供新的利益或新的效用而被消费者认可的产品。

8.4.1 新产品定价的策略

由于价格的独特作用以及影响价格因素的复杂性,决定了企业在为产品定价的时候不能仅采取最原始的成本加利润的定价方法与策略,而是要更加注重消费者的需要,迎合消费者的心理,才能达到促进商品销售、提高市场占有率的目的。为新产品定价策略主要有以下几种,如图 8-11 所示。

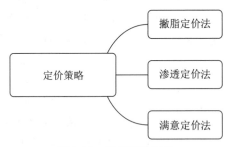

图 8-11 常见定价策略

1. 撇脂定价法

撇脂定价法是指新产品进入市场后,趁着跟进和模仿者不多、产品比较新颖,以尽可能高的价格出售商品,追求短期利润最大化。其优点在于企业能较快收回成本,收回研发费用,通过利润可用来改良产品,当竞争者进入市场时,还可以支持其他各种竞争性活动,同时还可以塑造其优质产品的形象,确立高级产品形象的定位。缺点在于不利于开拓市场,市场营销量与市场占有率可能无法相对提高。实践证明,在下述情况下企业适宜采取撇脂定价法:属于技术创新型产品、市场有足够的消费者且消费者缺乏弹性需求、竞争对手不能轻易进入市场等。图 8-12 所示为撇脂定价法。

2. 渗透定价法

渗透定价法与撇脂定价法相反,即在新产品进入市场的初期,迎合消费者求实、求廉的心理,以低价投入新产品,给消费者以物美价廉、经济实惠的感觉,从而刺激消费者的购买欲望。目的在于渗透新市场,立即提高市场销售量与市场占有率,快速而有效地占据市场空间。其优点在于能迅速将新产品打入市场,让无法支付高价的消费者成为实际购买者,也可使现有消费者增加使用量,提高市场占有率,使企业可在竞争压力最小的情况下获得大量忠实的顾客,以便长期占领市场。缺点在于投资回收期较长,且价格变动余地小,难以应付在短期内骤然出现的竞争或需求的较大变化;企业用其作为先发制人的竞争策略,有助于抢先夺取市场;在成熟的市场上竞争,往往要采取这种策略,和竞争者保持均势。图 8-13 所示为渗透定价法。

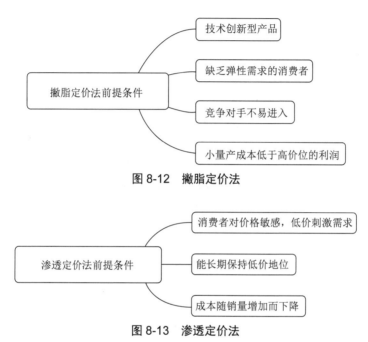

图 8-12 撇脂定价法

图 8-13 渗透定价法

3. 满意定价法

有一些公司在新产品上市后,会本着适中原则,为产品制定一个不高不低的价格,兼顾厂商、中间商及消费者的利益,使顾客、同行及全社会都感到满意。这种定价策略就是满意定价,其价格介于上述二者之中,因此又称之为满意价格。该低价策略的优点是,其制定出的价格比较合理,既能让消费者愉快接受,又能保证经营者从中获取合理利润,使买卖双方都感到满意。同时,满意价格制定得比较公平,因此上调下降的余地也比较大。缺点是,比较保守,四平八稳,不适于需求复杂多变或竞争激烈的市场环境。比起撇脂定价和渗透定价,满意定价更追求稳妥和合理,通常适用于价格弹性较小的生活必需品和重要的生产资料。

8.4.2 新产品定价的过程

在了解完这些定价策略后,我们来分析一下新产品定价都要经过哪几个步骤?一般来说大致分为 5 个步骤。

（1）明确目标：定价时门店要考虑自身经营情况，明确要达到的目标，比如，因为同行竞争、线上竞争导致没有客源；想要实现利润最大化；通过低价占领市场份额和顾客心智；通过高价做大市场；想要实现行业领导地位等目标。

（2）明确需求：需要根据以上影响价格的因素，来判断某类产品的需求弹性和属性，这决定我们定价的最高点，即新产品的定价不能超过消费者对于该品类产品的心理预期，要以产品的需求情况来指引产品定价。

（3）预估成本：明确成本是必要的，这决定定价的最低点。这里的成本包括房租、工资等固定成本以及原料涨价这样的可变成本，价格的制定要保证盈利水平维持在成本以上，保证产品投放市场不会亏本。

（4）分析竞品：在明确了需求和成本之后，还要分析竞争者的成本、价格和产品。如果对手有而我们没有的高价值产品，就要从同类产品中减价，简单来说，就是明确某类产品竞品的优劣势，分别减价或加价，人为制造价格差。

（5）进行定价并且确定：根据前期调研最终确定商品价格，可以在小范围内先进行一段时间的试卖，观察市场对于产品和价格的反应。

对商品进行定价往往按照三种导向法则进行定价：成本导向定价法则、目标利润定价法则、需求导向定价法则，根据这三个法则，又会衍生出一些具体的定价策略，分别从不同的角度来对定价进行指导，这一点我们在下一节展开详细说明。

图 8-14 所示为商品定价的导向法则。

图 8-14　商品定价的导向法则

案例　汉堡的定价策略

某老板打算开一家汉堡店，在开店之前，该老板对本地区的汉堡定价进行了深度的调研，上到高档西餐厅，下到路边小吃店，所有的汉堡门店都被他调查了一遍。经过调查，该地区的汉堡主要分为两个价格区间，一个价格区间是 25 ～ 35 元，另一个价格区间是 5 ～ 15 元。这两种价格区间的汉堡分别对应着不同的受众群体，价格高一点的主要客户是私营店主、公司职员、事业单位办事员，而价格低一点的主要客户是学生、工人等收入略低的群体。在经过调研之后，老板决定将价格定在 15 ～ 25 元，这样就可以满足最大范围的受众群体，让高收入群体和低收入群体都可以接受自己的汉堡。经过一番筹划，该老板的汉堡店开张了，然而事与愿违，老板的汉堡店并没有像预想到的那样火爆起来，而是生意惨淡，甚至面临倒闭的危险。

为什么会出现这种情况呢？这个老板犯了一个典型的错误，那就是没有站在消费者的角度去考虑问题。从消费者的角度讲，高收入群体对于价格不是十分敏感，并不会为了区区几块钱而去购买他们认为质量可能不高的产品，毕竟"一分钱一分货"；而对于低收入群体的人来说，也不会去购买价格高的产品，毕竟对他们来说，贵几块钱所吃到的东西也是一样的。所以看似该老板满足了所有人的消费需求，实则却因没有一个明确的价格定位而让消费者选择困难。在现实生活中，我们一定要对产品有一个明确的定位，明确商品的目标人群是哪些群体，针对该目标群体的消费能力来确定商品的价格。图 8-15 所示为某汉堡品牌。

图 8-15　某汉堡品牌

课堂讨论：思考你的日常消费行为受到哪些消费习俗的影响？

8.5　一般商品价格制定的依据

除新商品定价法则以外，一般商品价格制定应遵循以下法则。

1. 尾数定价法

保留价格尾数，采用零头标价的方式，如 9.98 元，而非 10 元。实践证明，在一定程度上，消费者更乐于接受尾数价格。他们认为整数是一个概略价格，不是十分准确，而尾数价格会给人以精确感和信任感。此外，尾数可使消费者感到价格保留在较低一级的档次，从而减轻心理抗拒感。尾数定价法对消费者产生的心理效果如下：一是可以使消费者产生便宜的心理错觉。如 200 元一双的鞋与 198 元一双的鞋相比，虽然只高出 2 元钱，对价格敏感的消费者来说，感觉则是两个不同价格数量级别的商品。二是可使消费者相信企业在科学、认真地定价，制定的价格是合理的、有根据的。三是给消费者一种数字寓意吉祥的感觉，使消费者在心理上得到一定的满足。我国的许多商品常以 66、88、99 为尾数，例如，很多直播间带货都会出现产品定价 9.9 元、18.8 元包邮等。图 8-16 所示为某饮料品牌直播间运用尾数定价法。

2. 名望定价法

利用消费者求名的心理制定高价的策略。"借声望定高价，以高价扬声望"，即对于在消费者心目中久享盛誉的厂商生产经营的商品，制定稍高于竞争对手的价格。一方面，高价与名牌商品的优良性能、上乘品质相协调；另一方面，高价与厂商的形象相匹配。多数消费者购买名牌产品不仅仅看重一流的质量，更看重名牌所蕴含的社会象征意义，以求得产生高贵和自豪的心理。在一定意义上，高价格是"名牌效应"的重要组成部分。消费者借高价来显示自己的社会地位，表明自己的经济实力。图 8-17 所示为某奢侈品品牌运用名望定价法。

图 8-16　某饮料品牌直播间运用尾数定价法　　图 8-17　某奢侈品品牌运用名望定价法

3. 习惯价格定价法

按照消费者的习惯心理制定价格的。消费者在长期的购买实践中，对某些经常购买的商品如日用品，在心中已经形成习惯性的价格标准，不符合其标准的价格则易引起消费者的疑虑，从而影响购买。此时，维持习惯价格不变是明智有益的选择。例如，消费者已经习惯于袋装牛奶价格为 1 元、纯净水为 2 元一瓶等。企业对这类商品定价时，要充分考虑消费者的这种习惯性倾向，不可随意变动价格。否则，一旦破坏消费者长期形成的消费习惯，就会使之产生不满情绪，导致购买的转移。

4. 感知价值定价法

以消费者对商品价值的感受及理解程度作为定价依据，它多用于服务产品。

服务产品（简称服务），是生产者通过由人力、物力和环境所组成的结构系统来销售和实际生产及交付的，能被消费者购买和实际接收及消费的功能和作用。由于服务产品具有不可感知性、不可分离性、差异性、不可储存性等特征，消费者在购买服务产品时，就不能像购买一般商品那样直接衡量服务质量，从而也就无法直接判断服务产品的价格。甚至消费者使用服务后所得到的利益，也很难被察觉，或是在等一段时间后，享用服务的人才感觉到"利益"的存在。因此，只能依靠消费者的自身感受及理解来衡量服务产品的价格。图 8-18 所示为一汽大众宝来家族的原厂延保服务。

5. 分级定价法

把不同品牌、规格及型号的同一类产品划分为若干个等级，对每个等级的商品制定一种价格，而不是一物一价。这种方法简化了购买过程，便于消费者挑选，而且也易于被消费者理解，从而大大简化了价格管理，经营者也可从分级定价中获益。分级定价能够适应不同层次消费者的需求，因而有其独特的心理作用。目前国内出现的一些开设"2 元区""5 元区"的商店就采用了这种定价方法。不仅产品可以，服务也可以根据消费者的特点区别定价。

图 8-18　一汽大众宝来家族的原厂延保服务

6. 招徕定价法

对几种商品实行微利或亏本的牺牲价，借以招徕顾客。企业可利用节假日举行"大减价"活动，采用让利招徕定价法。例如，美国有一家著名的"99 仙"商店，所售商品一律定价为 99 美分，甚至彩电也是 99 美分一台，以此来招徕顾客。图 8-19 所示为超市为招徕顾客设置的打折区。

图 8-19　超市打折区

案例　**某品牌咖啡的定价原则**

某品牌咖啡产品系列很丰富，其商品定价，重点看基础产品，就是它的那个著名的"中杯"策略，它们没有"小杯"。中杯产品定价基本有三个原则：要么刚刚过"0"，尾数则是"1～2"块；要么低于"0"，低 2 块左右；要么正好是整数。当然，它的"大杯""超大杯"产品的价格更有意思，基本每上一个台阶，价格提升 10% 左右，你无法判定它原料是否也多放了 10%，反正每次给你的都是满满的一杯。通常，一杯饮料，分三个不同的容量进行销售，就是"小号、中号、大号"，但是，如果从"小号"起，会让消费者感觉到"小杯"很少，吃亏了，如果消费者不愿意买"中号"（感觉上"中号"比"小号"也多不了多少；但是"大号"就会比"小号"多很多，如果"大号"和"中号"挨在一起，还会让消费者感觉到"中号"也不少，这就是消费者心理学），极有可能造成这笔生意会流失。从"中杯"起则完全不一样了，因为"中杯"的上面是"大杯"，哪怕不买"大杯"只买"中杯"，也会感觉占到便宜，虽然，这个"中杯"其实就是"小杯"。

消费者能接受的价格受很多因素的影响（如口袋里当时有多少钞票、竞争对手的促销力度、所处的购物环境等），最终，商品成交是一项非常复杂的决策艺术，在未成交之前，任何商家都不可能做到面面俱到。这时，抓住消费者群体"唯一的最大痛点"才是关键，也是各路品牌的真本事。消费者最关心的也是"唯一的最大痛点"，是对价格的关注。多数情况下，消费者对便不便宜是不敏感的（包括合不合适、适不适用、有无必要等都是不敏感的），他们更在意的是不是占到便宜，也就是我们常说的消费者感知值。比如，在成本定价法之下，把尾数定为"9"就是让消费者感觉占到便宜。是不是物超所值的，商品经营，绝大多数情况下是营销在起到作用，市场营销的最高境界，是"告诉"消费者企业的产品是物超所值的。图 8-20 所示为某咖啡品牌的门店。

图 8-20　某咖啡品牌的门店

课堂讨论： 选择一个你经常购买的品牌分析他的定价策略。

8.6　价格调整与消费心理分析

价格调整主要包括两种情况：一种是调低价格，另一种是提高价格。但是无论价格如何变动，这种调整势必会影响到消费者个人的切身利益，同时也决定了企业是从中受益，还是受其所累。

8.6.1　产品降价的心理策略

造成产品降价的原因有诸多方面，如产品的更新换代造成的过时产品；产品保管不善造成的品质下降；面临强有力的价格竞争，导致企业市场份额不断下调；由于新技术、新工艺的使用使得成本下降等，这些都可能导致企业将产品降价出售。

1. 产品降价应具备的条件

要达到降价促销的目的，产品本身应该具备与消费者心理要求相适应的特性。具体地说主要有以下几个方面，消费者对产品的质量和性能十分熟悉，如某些日用品和食品降价后，消费者仍对产品保持足够的信任度；能够向消费者充分说明产品价格降低的理由，并使他们接受；企业及其品牌的信誉度很高，消费者很放心。

2. 降价时机的选择

在降价时，时机的选择非常重要，把握得好，会大大刺激消费者的购买欲望；若选择不好，则会因无人问津而达不到目的。一般来说，降价时机的选择要视产品及企业的具体情况而定，例如，对于时尚和流行产品，在竞争者进入模仿的后期时应采取降价措施；对于季节性产品，应当在换季时降价；对于一般产品，进入成熟期的后期就应降价；重大节日可以进行降价促销等。但是应当注意的是，产品的降价不应过于频繁，否则会造成消费者对价格产生不信任感。图 8-21 所示为某平台的过年促销海报。

图 8-21 某平台的过年促销海报

3. 降价幅度的选择

产品的降价幅度应当适宜，才能达到吸引消费者购买的目的。若降价幅度过小，根本无从激发消费者的购买欲望；若幅度过大，不仅企业可能会面临损失，而且消费者也可能会对产品的质量产生怀疑。

4. 产品降价技巧

将降价实惠集中起来，通过将少数几种产品大幅度降价，比起对多种产品进行小幅度的促销效果会更好。这主要是因为降价幅度越大，消费者才能更明显地感觉到降价前后的差别。采用暗降策略：这种策略又称为变相降价，有时直接降价会招致同行的不满与攻击，甚至会引发同行间的价格战，这对于中小企业来说无异于一场灭顶之灾。因此，企业可以采用间接的方式来避免这些不利因素，如实行优惠券制度、予以实物馈赠、更换包装等。

图 8-22 所示为产品降价激发消费者购买欲望的漫画。

图 8-22　产品降价激发消费者购买欲望的漫画

8.6.2　产品提价的心理策略

一般来说，产品价格的提高会对消费者利益造成损害，可能会引起消费者消极的心理反应，影响到产品的销售，但企业在实际经营活动中常面临着不得不涨价的情况。例如，由于通货膨胀、物价上涨、企业原材料供应价格上涨等导致了产品成本的提高；产品供不应求，现有生产水平无法满足消费者的需求；资源稀缺或劳动力成本上升导致产品的成本提高以及经营环节的增多等。和产品降价一样，在对产品提价时，也需要把握时机、注意幅度，并掌握一定的技巧，才不至于因为提价而失去了某个客户群体。

1. 具备涨价条件的产品

消费者的品牌忠诚度很高，是品牌偏好者，他们不会因为涨价而轻易改变购买习惯；消费者相信产品具有特殊的使用价值或更优越的性能，是其他产品所不能替代的；消费者有求新、求奇、追求名望、好胜攀比的心理，愿意为自己喜欢的产品付出更多的钱；消费者可以理解产品涨价的原因，能够容忍价格上涨带来的生活消费支出的增加。

2. 控制好涨价的幅度

相比较产品的降价来说，消费者对于产品涨价将更为敏感，因此提价的幅度不宜过大，可以采取循序渐进的小幅度提价方式，或者在涨价的同时赠送一些附加服务，让消费者仍然感觉有利可图，从而理解涨价。

3. 使用适当的涨价技巧

通常情况下，涨价有两种方式，即直接涨价和间接涨价。直接涨价就是在原有价格的基础上一定幅度提高产品的标价；间接涨价则是指产品的市面标价不变，但企业通过对产品本身进行一些改动，如更换产品的型号、规格、花色和包装等，来达到实际提价的效果。

4.做好解释和售后服务工作

无论企业对产品的提价出于何种原因，消费者的利益势必会受到一定程度的损害，难免产生某些抵触心理。为了最大程度地消除这种心理的影响，企业应当通过各种渠道向消费者说明提价的原因，并在销售后的服务过程中为消费者提供更为周到的"增值服务"，以期得到他们的理解和支持。

图 8-23 所示为商品涨价影响消费者消费的漫画。

图 8-23　商品涨价影响消费者消费的漫画

大量实践表明，单纯的营销技巧和价格策略对产品销量的影响十分有限，即使能够产生效益，也仅是一种巧合，这对企业的可持续发展是十分不利的。产品品牌的塑造是多方面因素共同作用的结果，片面强调其中任何一环都无法实现最终的营销目标，只有将心理学知识运用到企业的营销中，真正了解价格对消费者心理的影响，才能使企业摆脱盲目发展，做到有的放矢。

课堂讨论： 商品价格的波动对你会产生哪些影响？

8.7　促销方式对消费者的消费心理的影响

促销倾向是一种心理特征，指以促销信息作为参考制定购买决策的倾向。总的来说，由于促销倾向依据促销方式的不同分为很多种，而消费者的心理特征也有很多类别，这两者之间的关系实际上是一种复杂的多对多的关系。

8.7.1　消费者对促销的反应

促销是市场营销的一种手段，是促进消费者购买，推广产品的重要途径，影响消费者对促销反应的因素有以下几点。

1. 经济因素

经济利益是消费者对促销做出反应最重要的一种动因，打折、优惠券、现金返还等价格促销活动可以为消费者省钱，购买时赠送礼品、赠量包装、积分返利、购物券返还等促销活动也可以让消费者得到经济上的实惠。促销类型不同给消费者所带来的经济诱因也不相同，通常打折、现金返还、优惠券等提供价格减让的价格促销更侧重于利用经济诱因来吸引顾客，而非价格促销如样品赠送、免费试用、抽奖等所提供的经济诱因没有价格促销那样强烈。图 8-24 所示为电商平台的优惠券。

（a）　　　　　　　　　　　（b）

图 8-24　电商平台的优惠券

2. 信息因素

通过促销，消费者会直接、间接得到或推断到关于产品、品牌、厂商、产业等方面的相关信息，这会给消费者对促销的交易价值评价以及购买行为造成实质性的影响，值得注意的是这些信息部分是营销者有意传递给消费者的。消费者的价格预期、质量预期以及促销模式预期是最常见的三种消费者通过促销活动推断出来的信息。降价促销会向消费者传递低价格的信息，特别是在降价幅度较大时，消费者会推断出以前该商品的定价虚高，他会据此调低下次购买时所需支付的价格预期，促销越频繁、降价幅度越大，其负面影响就越大。停止促销时，消费者用降价了的参考价格与产品的常规售价进行比较，常规售价就会令人感到高得难以接受。

3. 情感因素

情感因素是指由于促销而对消费者的心情与内心感受的影响。接触到促销信息、在促销时购买或者是错过了促销机会都可能会对消费者的心情产生影响，这种影响可能是正面的，也可能是负面的。有一些娱乐性强的促销活动如幸运抽奖、销售现场互动游戏等更是会直接给消费者提供幸运和乐趣。价格的公平感也是影响消费者情绪的重要因素，有证据显示消费者比较关注其他顾客在购买同样商品或服务时所支付的价格，如果促销活动只针对部分顾客展开，那么没有享受到优惠的顾客知晓后会感到不满，认为自己受到了不公平待遇，并最终影响到他们是否愿意购买某种商品或者是光顾某家商场。

图 8-25 所示为网络促销影响消费者心理。

图 8-25 网络促销影响消费者心理

8.7.2 进行促销的条件

促销是一种有效的市场营销手段，但不是适合于任何商家、任何品牌，是否进行促销以及如何开展促销需要考虑的因素有很多，主要有以下几个方面。

1. 是否开展促销

对于品牌定位是高质、高价的企业来说，一般也要尽量避免采用直接降价促销的方式，否则的话会对品牌形象与定位产生较严重的负面影响。当然，如果竞争者普遍采用了价格促销，而且你的产品成本较低，那么可以考虑开展降价促销。

2. 促销的产品选择

对于频繁购买的产品，消费者通常有较多的消费经验与产品知识，无需根据价格来推断产品质量，所以价格—质量联系表现得不是很强烈，这些产品较适合开展降价促销活动，在促销时尽可能地采用多种产品在一起的捆绑定价促销方式。一般应选择价格弹性大的产品来开展促销，这样才能够通过促销提高产品的销售额，如零食、饮料、服装之类的商品。

图 8-26 所示为零食和饮料的促销海报。

（a）

（b）

图 8-26 零食和饮料的促销海报

3. 促销的目标顾客选择

营销者可根据产品的生命周期来确定促销的目标顾客，在产品生命周期的引入期，促销的对象应主要是非用户，通过试用、品尝、派发免费样品、优惠券等促销形式吸引他们试用。而在成熟期，促销的主要对象应是竞争者的客户，可通过打折、派发优惠券等促销来引诱他们转换品牌。当然，在成熟期与衰退期，留住现有的客户，防止他们流失也非常重要，客户忠诚计划类的促销活动（如积分卡、会员卡、VIP卡等）对于留住老顾客有很好的效果。采用交叉销售促销，鼓励顾客购买更多的相关产品则有利于提高从老顾客那里获得的销售收入和利润，加量包装、附加赠送等促销形式也是吸引老顾客的常用促销形式。图 8-27 所示为电商平台京东的会员卡——京东 PLUS 京典卡宣传海报，注明了会员可以享受的相关权益。

图 8-27　电商平台京东的会员卡——京东 PLUS 京典卡宣传海报

4. 促销的让利幅度决策

促销让利幅度过低，会让消费者觉得没有吸引力；让利幅度过大，又会让消费者觉得以前的定价虚高，或者是感到产品质量下降，也可能会感到让利信息不可信，是虚夸。所以促销时确定一个合适的让利幅度是很重要的。让利的幅度对营销者来说十分重要，低于 10% 的让利促销，消费者会觉得没有什么吸引力，10% ~ 30% 的让利幅度是有吸引力同时又较为可行的让利水平，超过 40% 往往会负面效应大于其正面效应。

5. 促销的频率决策

促销频率应当根据品牌或商店的定位来确定，根据经济学家的研究，与打折的幅度相比，打折的频率对消费者的价格感知起着更大的影响。被调查者认为经常浅幅度打折（每日低价）的商店总体价位比偶尔深幅度打折（高低定价）的商店更低。因此，如果一家商店试图通过在顾客心目中树立低价形象来赢得顾客光顾，那么应当经常地、大范围地小幅打折，而不应当偶尔地、小范围地深幅打折，还要经常进行广告宣传，宣称自己提供大量的特价商品，以此来增强消费者的低价印象。

6. 促销的规律性决策

消费者会根据某家商店或某品牌以往的促销历史推断出未来该商店或者该品牌的促销模式，促销越规律，这种预期越准。消费者往往会根据对促销模式的预期来调整自己的购买时机、购买量，甚至是消费节奏，比如在促销期间，消费者会提前购买或者是大量购买以贮存备用，错过了促销机会，消费者会推迟购买或者是减少消费以等待下次促销。

7. 促销的类型决策

促销类型的选择可以根据所要促销的产品类别来进行确定。研究表明，对于实用型的产品，消费者更看重的是促销的经济利益，而在购买享乐型产品时，消费者更看重促销提供的享乐利益，所以在促销实用型产品时，可以主要采用以提供经济利益诱惑为主的促销，如打折、优惠券、赠送礼品等；而对于享乐型的产品如旅游、娱乐产品等可以采用富有乐趣的一些促销形式，如抽奖、互动游戏、表演秀等。

图 8-28 所示为双十一购物节和 618 购物节的宣传海报，两大网络购物节广受消费者欢迎。

（a） （b）

图 8-28 双十一购物节和 618 购物节的宣传海报

案例 **从"网红"到"品牌"：促销如何促进品牌传播**

促销之于品牌的意义在于促进产品的传播，扩大产品的接触面，增进消费者对于品牌的了解，最终对品牌产生好感。随着网络直播的兴起，我们有很多网红产品，在促进网红产品品牌塑造的过程中，我们要合理利用促销手段，使得网红产品进阶为主流品牌。

近几年，伴随着消费升级，很多新品牌依靠品类创新和产品创新，通过数字化渠道突围，迅速成为消费市场的主力军，与传统品牌分庭抗礼。尤其是在过去的 2020 年，宅家消费对线下经济带来冲击的同时，却催生了线上新消费品牌的崛起。这些迅速崛起的新消费品牌，都是通过从数字化渠道开始，通过内容营销，明星和 KOL 种草、流量运营等方式，快速从小众圈层突围，从而成为网络上流行的品牌。很多都带有"网红品牌"的特质，对于很多品牌而言，下一阶段，如何撕掉"网红"标签，成为主流市场中的引领品牌，从线上走到线下，也成为新消费品牌能否打破现有传统品牌格局成为新一代的领军品牌的关键。

从营销渠道的角度来看，新消费品牌大多以微博、小红书、抖音、B 站等新媒体为主要营销平台，以电商、直播渠道为主要销售阵地。例如，小红书生态红利催生出国货美妆品牌、潮流服饰品牌等；淘宝直播、抖音短视频捧红了许多零食品牌等，不论是利用了哪些平台，其背后都依靠的是数字化流量和渠道。而从新人群的角度来看，随着新消费升级，年轻消费者已经成为新消费品牌的主力群体，他们更加追求品质、乐于尝新、愿意为创意买单。新消费品牌则突破了传统品牌在年轻消费价值观满足方面的缺憾，更加注重消费者个性化、自我价值的精神和文化与体验需求。同时，注重场景营销、社交营销，能满足新消费群体的自我表达。

那么，如何打造新消费品牌的"品牌势能"实现持续增长呢？首先，需要从"网红品牌"走向"主流品牌"。在"网红品牌"的注意力基础上，通过品牌塑造，成为主流品牌，对用户认知造成引爆性的影响，建立壁垒。其次，要从促销导向转向品牌导向。促销只是品牌创建的手段，但切莫为促销而促销，使得促销成为消耗品牌形象的过程，要洞察消费者心理有针对性地展开促销，品牌才是真正持久的流量。很多新消费充分应用了直播带货、电商的促销价值，但是只有在消费者心智中形成深度认知才能让消费者持续购买。促销的目的在于吸引消费者注意力，品牌要将消费者的注意力转向对于品牌价值的认同，在接触产品的同时感知品牌的价值诉求，使得品牌既"叫座"也"叫好"，这样一来即使不进行促销活动，消费者也会继续消费该品牌产品。同时，这些网红产品还有从线上走到线下，实现整合传播和品效协同，将以内容营销为主的社交媒体传播，结合核心生活场景为主的线下高频传播。

图 8-29 所示为某网红品牌的商品列表。

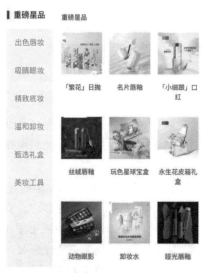

图 8-29　某网红品牌的商品列表

课堂讨论：促销活动对品牌产生怎样的影响？

8.8 本章小结

　　本章首先对价格的制定以及价格对消费者心理所产生的影响进行了阐述，进而对于品牌在进行市场营销过程当中的价格策略进行了分析，结合价格与消费者心理的相互影响，对价格策略的运用进行了解读。价格是影响消费者消费心理的重要因素，影响着消费者对于购买行为的决策以及对于品牌的评价，因此在实际的营销过程当中，一定要洞察消费者的价格心理，有针对性地对价格进行调整，合理利用促销手段，促进产品的销售和品牌的塑造。随着移动互联网的发展，品牌的塑造有了更大的不确定性，尤其是网络空间当中的产品价格鱼龙混杂，难以捉摸，因此，一定要综合考虑各种因素，对价格进行合理规划。

第9章　分销渠道与消费心理分析

在现代企业营销过程中，绝大部分生产企业不是把本企业生产出来的产品直接送到最终消费者手里，许多商业企业在完成自身的营销活动中，也还需要其他商业企业或机构的配合。因此，工商企业都面临着对市场分销渠道的设计。分销渠道是消费者与商品接触的场所，是消费者对商品消费体验的直接来源，因此，分销渠道的设计一定程度上就决定着消费者的消费体验和对品牌的评价。作为商品从销售者流向消费者的最后环节，分销渠道的设计一定要仅仅跟随时代潮流和企业的自身发展状况，与时俱进，以消费者的需求为中心进行分销渠道的设计和布局。随着网络的发展和消费者消费习惯的变化，消费渠道逐渐向线上迁移，很多网络渠道成为了消费者的主要购买途径，品牌主在设计分销渠道时一定要充分考虑到这点变化，通过调整分销渠道来满足消费者日益多元化的要求。

本章将重点阐述分销渠道的概念与结构，分销渠道的不同类型，批发、零售渠道以及怎样设计与选择企业的市场分销体系，消费者对批发和零售渠道的消费心理需求和消费心理表现

9.1　分销渠道的概念及类型

所谓分销渠道是指某种产品或服务在从生产者向消费者转移过程中，取得这种产品或服务的所有权或帮助所有权转移的所有企业和个人。因此，分销渠道包括商人中间商和代理中间商。此外，还包括处于渠道起点和终点的生产者与最终消费者或用户，缺少任何一个环节分销渠道都是不完整的，从而给商品流通带来障碍。

9.1.1　分销渠道的特征

分销渠道是品牌主进行产品推广和品牌塑造的重要途径，了解分销渠道的特征对于品牌主来说具有重要的意义，分销渠道有以下特征：现实性、多元化和所有权转移。

1. 现实性

分销渠道反映某一特定商品价值实现的过程和商品实体的转移过程，在这一过程中分销渠道一端连接生产，另一端连接消费，主要包含两种运动：一是商品价值形式的运动；二是商品实体的运动。

2. 多元化

分销渠道的主体是参与商品流通过程的商人中间商和代理中间商，成熟的分销渠道往往是全方位布局的，既有线上渠道，又有线下渠道，尤其是随着消费者消费行为向网络进行迁移，品牌主对于网络分销渠道更加关注，尽最大的努力增加与消费者的接触机会。

3. 所有权转移

商品从生产者流向消费者的过程中，商品所有权至少转移一次，生产者必须经过一系列中介机构转卖或代理转卖产品。所有权转移的次数越多，商品的分销渠道就越长。

网络购物的发展使得分销渠道逐渐向线上转移，例如，各种直播平台的带货、各种线上分销等都反映了分销渠道的新变化，这一转移改变了消费者的消费习惯，同时也为分销渠道的网络化提供了条件。在当前的消费环境下，品牌主设计分销渠道要将传统分销渠道的特点与网络的特点相结合，为传统分销渠道植入互联网的基因。

9.1.2　分销渠道的职能

分销渠道的职能在于它是连接生产者和消费者或用户的桥梁和纽带，企业使用分销渠道是因为在市场经济条件下，生产者和消费者或用户之间存在空间分离、所有权分离、时间分离、供需数量差异以及供需品种差异等方面的矛盾。分销渠道的职能具体体现在 7 个部分，如图 9-1 所示。

图 9-1　分销渠道的职能

1. 调研

调研是指收集制度计划和进行交换所必需的信息，分销渠道是收集调研信息的重要手段，这些调研信息是制定接下来的营销计划的重要依据，也是品牌主进行品牌创建的重要指标。

2. 促销

促销是指进行关于所供产品的说服性沟通，通过一定的让利来吸引消费者的购买。分销渠道通过产品的销售实现与消费者的沟通，承担着解释产品功能，传播品牌信息的重要职能。

3. 接洽

接洽是指寻找潜在购买者并进行有效的沟通，通过分销渠道的信息传递，可以发现潜在购买者，并通过产品信息传递激发消费者的购买欲望，同时发现消费者的新需求，为产品的创新改进提供方向。

4. 配合

配合是指分销渠道要配合产品的生产、销售、营销等一系列活动，为产品的顺利流通提供各种便利，在现实的商业运作中主要包括制造、分配、包装、销售等要相互沟通，互相配合。

5. 谈判

谈判是指为了转移所供货物的所有权，根据产品自身的特点、品牌形象，而就其价格及有关条件达成最后协议，分销渠道是谈判的中间角色，同时也是促进谈判成功的重要因素。

6. 物流

物流是指从事产品的运输、储存、配送，分销渠道具有多元化和广泛性的优势，借助这些优势可以保障产品的顺利流通，很多产品也都是通过分销渠道到达消费者手中的。

7. 风险承担

风险承担是指承担与渠道工作有关的全部风险，分销渠道有自己的风险防控措施和风险承担能力，通过分销渠道的作用可以分散企业的经营风险，增强企业的抗风险能力。

9.1.3 分销渠道的设计思路

分销渠道的结构一般分为消费品的分销渠道和生产资料的分销渠道，由于分销的对象不同，对于分销渠道的设计也有着不同的结构，具体的设计思路可以分为消费品分销渠道结构和生产资料分销渠道结构。

1. 消费品分销渠道结构

- 生产者—消费者；
- 生产者—零售商—消费者；
- 生产者—批发商—零售商—消费者；
- 生产者—代理商—批发商—零售商—消费者；
- 生产者—代理商—零售商—消费者。

2. 生产资料分销渠道结构

- 生产者—工业品用户；
- 生产者—工业品经销商—工业品用户；
- 生产者—代理商—工业品用户；
- 生产者—代理商—工业品经销商—工业品用户。

根据以上的设计思路，分销渠道可以区分出不同的长度和宽度。

第一，分销渠道的长度。

零层次渠道：不经过任何中间商转播的分销渠道，即从生产者直接到消费者，适合于产业用品和单位价值较大的消费品分销。

一层次渠道：消费品从工厂流入消费者手中时，经过一次过渡，不同产品的过渡方式往往也不相同，产业用品不经过零售商，一般由经销商将产品分销出去；消费品则要经过零售商。

二层次渠道：消费品由制造商分销给批发商，再经过零售商去满足消费者的需求；产业用品则由制造商的销售分公司将产品分销给经销商，再由经销商卖给工业用户。

第二，分销渠道的宽度。

密集性分销：尽量增加批发商、代理商或零售商的数目，使产品能够广泛地分销出去，快速产生效益。

选择性分销：在某一市场仅选择几个有良好声誉、充分了解产品的性能特点的中间商来经销企业的产品，这种分销渠道的选择方式有助于企业塑造品牌，通过产品的销售来培养消费者对于品牌的偏好。

独家分销：在某一地区仅选择一家中间商分销产品。一般对于品牌价值很高的产品或为了防止假冒伪劣产品影响企业的声誉，可以采用独家分销的方式。

9.1.4 分销渠道的分类

在实际的消费活动中，分销渠道可以分为直接渠道和间接渠道两种。

1. 直接渠道

直接渠道是指没有中间商参与，产品由制造商直接销售给消费者和用户的渠道类型，如上门推销、电视直销和网上直销等。直接渠道是工业品销售的主要方式，特别是一些大型、专用、技术复杂、需要提供专门服务的产品。其优点在于方便生产者直接向消费者介绍产品，便于消费者掌握产品的性能、特点、维护和使用方法，同时可以降低流通费用，掌握价格的主动权，积极参与竞争。随着网络的发展，很多品牌主开始在网络上自建销售渠道，积累自己的私域流量，通过自营的网络渠道来推销产品，创建品牌，维系与消费者的关系。

2. 间接渠道

间接渠道是指产品经由一个或多个商业环节销售给消费者和用户的渠道类型。它是消费品销售的主要方式，许多工业品也在采用。其优点在于节约了流通成本和时间，降低了产品价格，同时有助于扩大品牌的传播范围，通过中间商的渠道和其在区域内的影响力，不断扩大品牌的知名度。

案例 某咖啡品牌的数字化之路

1999 年，某咖啡品牌将自己的品牌定位从一家卖咖啡的公司转变成为一家互联网公司，在线下门店的基础上推出门户网站和在线购物平台。此措施一经采取，结果当时该品牌的股价下跌 15%，投资者不能理解一家盈利状况很好的咖啡公司为什么要如此积极地使用互联网技术来发展自己的业务，因为当时的互联网普及率还是比较低的，要是放在当下这种做法或许也不会引起轩然大波。其实，该公司这么做的原因很简单——该品牌的宗旨是"顾客在哪儿，该品牌就去哪儿"。该公司预见到了未来消费者对于互联网的需求，而积极布局互联网品牌也体现了该品牌掌门人的深谋远虑和对消费者的洞察。

数字化一直以来是该品牌增长的重要战略，该品牌负责人曾说过，"整个零售业都会受到数字化的巨大冲击，所以未来的零售赢家将是那样的企业：他们能找到一种优雅的方式，既提供店内体验，同时也提供数字化体验。"在该负责人看来，零售业的冲击和转型正在加速，唯有抢占先机才能赢得消费者的青睐。该品牌的数字化转型之路主要是从以下几个方面进行布局的。

1. 个性化定制平台

2015 年该品牌推出了在线预定和支付功能，消费者可以通过线上线下的打通，实现用户数据化，通过对消费者信息的洞察为不同消费者提供不同的产品。同时还可根据消费者的历史消费习惯，进行产品预测，实现了消费者的个性化营销和订单预测，从而影响到供应链。截至目前，该品牌的 App 有 1700 万活跃用户，企业的算法会将消费者买咖啡的数据（在何时何地买了何种咖啡）与其他数据相联系，比如天气和节假日，根据相关数据给消费者提出适时适地的建议。

2. 多渠道联动的产品开发

对该品牌来说很重要的一件事是利用顾客数据来开发其产品，在一个企业里，数字化的转型进度是不同步的，而该企业通过多渠道联动实现了消费者信息的整合，设计了一系列产品来适应消费者习惯。例如，2016 年该品牌进军家庭咖啡领域，其主流产品进入超市，让顾客可以在家煮咖啡，还推出了胶囊咖啡。这些产品的推出，也是为了满足不同消费者多样化的需求，而店内数据为决定哪些产品适合居家提供了强有力的依据。

3. 重视门店消费体验

该品牌利用大数据来选址，在哪里开店是一项复杂的数据分析工作，这个应用程序的核心技术是基于位置的人工智能分析，它也被称为制图或 GIS（地理空间信息系统）。综合考虑人口密度、人口特征、周围门店的距离远近和交通状况，来决定新连锁店的位置。这对于该品牌而言的确是非常实用的，因为数据库里用户数量的增长和 App 使用量的增加，不只是帮助公司提高了消费者体验，更是帮助他们精准地找到了新店的最佳选址。

4. 数字化菜单

该品牌在线下商店里推出数字标牌，通过电脑设置菜单，这样就可以在菜单中反映顾客偏好和产品调整，降低菜单成本。同时及时进行更改，让消费者及时了解到产品的更新，积极地去尝试新产品，获得更加丰富的消费体验，增加消费者对于品牌的情感认同，此种方法当下也被很多店铺所借鉴。

5. 优化机器维护

该品牌还开发了一种新的咖啡机——Clover X，目前只在旗舰店和概念店使用。它不仅煮出的咖啡出类拔萃，而且还能连接云端。这样一来，该品牌不仅可以更全面地收集操作数据，还能够远程诊断设备故障，甚至远程修复。

该品牌的数字化升级转型不是一蹴而就，而是慢慢摸索，并持续优化的，这种与时俱进的精神和做法值得其他咖啡品牌甚至是餐饮品牌去学习。事实证明，该品牌的一系列数字化转型的举措是很成功的，很多消费者将该品牌的门店视为处于家庭和工作环境之外的第三空间，这主要得益于该品牌咖啡过硬的品质和处处为消费者着想的做法。分销渠道的数字化是当前很多品牌应该考虑的问题，品牌主在构思品牌结构时一定要充分考虑到数字化分销渠道给企业发展带来的优势，重点布局数字化分销渠道。

课堂讨论： 传统行业如何布局网络分销渠道？

9.1.5　社交电商中的分销渠道

社交电商（social commerce）即社会化电子商务，是新媒体技术作用于市场营销而衍生出的一种新的商业模式。社交电商借助即时通信平台、微博、社交网站、网络媒介等传播途径，通过社交互动、用户自生内容等手段来辅助商品的购买和销售行为。在 Web 3.0 时代，越来越多的内容和行为是由终端用户来产生和主导的，比如微信小程序、小红书等。

图 9-2 所示为社交电商平台小红书。

图 9-2　社交电商平台小红书

社交电商最早见于微信朋友圈，即微商。微商凭借自己的社交圈和影响力，在朋友圈出售各种商品，这种商业模式快捷方便、成本较低，且所售商品物美价廉，符合移动互联和社群经济的趋势。微商的类型主要分为两种：基于微信公众号的微商成为 B2C 微商，基于朋友圈开店的成为 C2C 微商。微商和淘宝一样，有天猫平台（B2C 微商）也有淘宝集市（C2C 微商）。所不同的是微商基于微信"连接一切"的能力，实现商品的社交分享、熟人推荐与朋友圈展示。但在实际运作的过程当中，由于准入门槛低，大部分的微商并没有经过注册审核，这也使得微商成为不少假冒伪劣产品的藏身之地，市场乱象逐渐暴露，其乱象行为也是屡见不鲜，致使微商行业寻求变革之路。2015 年社交电商开始走向大众，社交电商的前身就是"微商"，是"微商"的变种。

社交电商产生之初发展迅速，根据中国互联网络信息中心（CNNIC）发布的第48 次《中国互联网络发展状况统计报告》报告显示，2017 年社交电商行业市场规模达到 6835.8 亿元，较 2016 年增长 88.84%。2018 年中国社交电商行业规模达 6268.5 亿元，环比增长 255.8%，成为网络购物市场的一匹黑马。2015—2018 年三年间，社交电商占整体网络购物市场的比例从占中国网络购物市场比例的 0.1% 增加到 7.8%。但从 2020 年起，社交电商的发展却面临了困境，很多社交电商巨头纷纷倒下，淘集集破产，拼多多亏损，以及斑马会员被传跑路。在经历了发展高峰期再到如今发展增速放缓，逐渐疲软的时期，越来越多的社交电商平台经不住时间的考验纷纷淘汰。

图 9-3 所示为 2019 年中国社交电商产业链图谱。

图 9-3　2019 年中国社交电商产业链图谱

社交电商按其类型主要分为 4 类。

1. 拼购类社交电商

通过社交平台聚集一定数量的用户（2 人以上），这类用户都对某一商品有诉求进而通过拼团减价的模式进行商品的消费，这种模式激发用户分享形成自传播，每一个用户都能因此受益。这种类型的电商以低价为核心吸引力，鼓励每个用户成为一个传播点，再以大额订单降低上游供应链及物流成本。图 9-4 所示为拼购类电商拼多多的海报。

图 9-4　拼购类电商拼多多的海报

2. 会员制社交电商

电商平台负责从选品、配送和售后等全供应链流程，而后通过销售提成刺激用户成为分销商,利用用户自有社交关系进行分享裂变,实现"自购省钱,分享赚钱",让用户主动邀请熟人加入形成关系链,平台统一提供货、仓、配及售后服务,减少了用户的信息搜索过程,同时商品的流通、售后等环节也减少了麻烦。

3. 社区拼团

以社区为基础,社区居民加入社群后通过微信小程序等工具下订单,社区团购平台在第二天将商品统一配送至团长处,消费者上门自取或由团长配送的团购模式。这种模式以团长为基点,降低获客、运营及物流成本,同时也提升供应链效率,为居民提供了便利。图 9-5 所示为某社区团购应用的海报。

图 9-5 某社区团购应用的海报

4. 内容类社交电商

通过形式多样的内容引导消费者进行购物,实现商品与内容的协同,从而提升电商营销效果,形成发现 - 购买 - 分享的商业闭环。通过内容运营激发用户购买热情,同时反过来进一步了解用户喜好。这种模式的关键在于内容是否能引起消费者的兴趣,只有找准了消费者的需求,才能为其提供相应的产品。

图 9-6 所示为内容类社交电商应用礼物说的标志与宣传海报。

(a)   (b)

图 9-6 内容类社交电商应用礼物说的标志与宣传海报

通过各种社交电商的共同点,我们可以看出,这种电商模式是基于用户之间的关系链接进行的,用户只有通过一定的方式建立起了链接,才能保证该商业模式的顺利开展。

表 9-1 所示为 2019 年中国社交电商分类及模式对比。

表 9-1　2019 年中国社交电商分类及模式对比

	拼购类社交电商	会员制社交电商	社区团购	内容类社交电商
概念定义	聚集两人及以上用户，通过拼团减价模式，激发用户分享形成自传播	S2B2C 模式，平台负责从选品、配送和售后等全供应链流程。通过销售提成刺激用户成为分销商。利用其自有社交关系进行分享裂变。实现"分享省钱，自购赚钱"	以社区为基础，社区居民加入社群后，通过微信小程序等工具下订单，社区团购平台在第二天将商品统一配送至团长处，消费者上门自取或由团长进行最后一公里的配送的团购模式	通过形式多样的内容引导消费者进行购物，实现商品与内容的协同，从而提升电商营销效果
模式特点	以低价为核心吸引力，每个用户成为一个传播点，再以大额订单降低上游供应链及物流成本	通过分销机制，让用户主动邀请熟人加入形成关系链，平台统一提供货、仓、配及售后服务	以团长为基点，降低获客、运营及物流成本；预售制及集采集销的模式提供供应链效率	形成发现-购买-分享的商业闭环，通过内容运营激发用户购买热情，同时反过来进一步了解用户喜好
流量来源	关系链（熟人社交）	关系链（熟人社交）	关系链（熟人社交）	内容链（泛社交）
目标用户	价格敏感型用户	有分销能力及意愿的人群	家庭用户	容易受 KOL 影响的消费人群 / 有共同兴趣的社群
适用商品	个性化弱、普遍适用、单价较低的商品	有一定毛利空间的商品	复购率高的日常家庭、生活用品	根据平台内容的特征适用的商品品类不同
典型企业	拼多多、京东拼购、苏宁拼购等	贝店、云集、环球捕手、爱库存、花生日记等	兴盛优选、你我您、松鼠拼拼等	小红书、蘑菇街、小红唇、抖音电商、快手电商

正如任何一种商业模式在经历了早期的迅速扩张后，都会进入一个瓶颈期，社交电商在经历快速增长的红利期后，也陷入了一定的困境，很多巨头也陷入了亏损的状态甚至纷纷倒下。社交电商面临的困境主要有以下几个方面。

（1）供应链存在风险过大

社交电商目前对于供应链缺少一定的监管措施，零库存供应链经营模式存在着一定的风险，而且在很多预售模式中，可能因为对产品供应商的过度依赖，导致产品的质量得不到保障。做好社交电商一定要有稳定而强大的供应链做基础，这也是目前社交电商所欠缺的。

（2）社交和电商场景没有充分融合

社交和电商本质上是两个不同的场景，用户潜在的社交意识和消费习惯没有必然联系，做好社交电商就要求平台通过特定的场景将电商融合到社交过程中才能提高用户的接受度。目前社交与电商的融合只是简单地相加，而没有实现真正意义上的融为一体。

（3）低价策略背后的假冒伪劣困局

低价拼团的玩法导致对产品价格极致追求的同时，也产生了负面效应，很多没有品牌低质量的产品充斥之中，最终导致客户体验感极差，品牌口碑受到严重影响，也失去了很多一二线城市客户群体。

（4）社交电商的信任危机

在激烈的竞争中，信任问题一直困扰着众多社交电商平台，消费者在经历了不愉快的消费体验后，往往对平台失去了信任，从而导致了平台的运营难以为继。

针对这些问题，大致的解决方案有如下几种。

（1）提升产品与服务

真正以新的产品和服务来满足用户的消费升级的新需求，再借助社交电商的方式减少用户的决策成本。社交电商的关键在于产品和服务上，如何找到用户真正感兴趣的商品，如何为用户提供全方位、多角度的产品和服务，如何满足用户消费升级的新需求才是社交电商成功之道。

（2）跳出流量陷阱

流量只是社交电商成功的手段，而不是目的，要借助流量来助力电商的发展，而不是片面去追求流量的增长，要以优质的产品、服务和内容来吸引用户，并实现有效的转化。

（3）放大用户个体力量

当下比较火爆的直播带货就是社交电商的一种模式，对于大型平台来讲，要做的是这些主播在直播带货过程当中需要的产品和服务，从而让他们可以影响到更多的用户，最终实现自身价值的最大化。要重视个体的力量，做大做强个人IP，实现流量的转化。

课堂讨论：社交电商应如何突破困境？

9.2　分销渠道的设计原则

渠道设计与选择是分销渠道策略的核心，它包括确定渠道模式，确定中间商和规定渠道成员彼此的权利和责任、渠道方案的评估等内容。分销渠道不是一成不变的，并不是说设计完成后就不需要对其进行改动，要根据市场环境的变化对其作出适时的调整，从而应对瞬息万变的市场营销环境。

9.2.1　分销渠道的设计目标

分销渠道设计的基本目标有以下4点：经济目标、控制目标、适应目标和声誉目标。

（1）经济目标：分销渠道的基本经济目标就是以最小的投入获得最大的效益，

这也是品牌主最关心的问题，通过分销渠道来实现利益的最大化，既能通过产品的销售获得短期的经济利益，又能通过品牌传播获得长久的利益。

（2）控制目标：自己拥有分销渠道可以较好地加以控制，可依据企业的整体战略，在不同的时期突出不同的重点；若委托专门的销售代理公司，则可以在企业规模较小时省去不少麻烦。

（3）适应目标：企业面临的环境是不断变化的，在分销渠道的设计上也不能一成不变，分销渠道的设计要为企业的灵活变动留出一定空间，既不能搞"一刀切"，又要让渠道根据本地特色进行适当的调整。

（4）声誉目标：对声誉差的中间商，品牌主要拒绝与其建立业务关系；同时要适当激励在渠道建立方面对企业贡献大的中间商，以此来激发中间商的分销热情。

以上 4 个目标是企业在分销渠道设计时应重点考虑的因素，在明确了渠道设计的目标后，企业就可以展开具体的渠道设计。

9.2.2 分销渠道的设计要素与布局

分销渠道的设计要充分考虑到各方面的因素，在进行设计时，通常需要研究 3 个方面的条件，分别是产品条件、市场条件和企业自身条件，具体内容如表 9-2 所示。

表 9-2 分销渠道设计的考虑要素

条件类型	具体内容
产品条件	产品的价值、产品的时尚性、产品的易腐易毁性、产品的体积与重量、产品的技术与服务要求、产品的季节性、产品的经济生命周期、产品的用途等
市场条件	目标顾客的类型、潜在顾客的数量、目标顾客的分布、购买数量、竞争状况等
企业自身条件	企业的规模和实力、企业的声誉与市场地位、企业的经营管理能力、控制渠道的要求

在明确了以上 3 方面内容的基础上，要确定渠道的结构，分销渠道结构可以分为 3 种类型。

（1）垂直式分销渠道：垂直渠道系统是由生产者、批发商和零售商纵向整合组成，其成员属于同一家公司，或为专卖特许权授予成员，或为有足够控制能力的企业。每个成员把自己视为分销系统中的一分子，关注整个垂直系统的成功。

（2）水平式分销渠道：水平渠道系统又称为共生型营销渠道关系，它是指由两个或两个以上公司横向联合在一起，共同开发新的营销机会的分销渠道系统。其特点是两家或两家以上的公司横向联合共同形成新的机构，发挥各自优势，实现分销系统有效、快速运行，实际上是一种横向的联合经营。目的是通过联合发挥资源的协同作用或规避风险

（3）复式分销渠道：复式渠道系统是指对同一或不同的细分市场，采用多条渠道的分销体系。一家公司建立两条以上的渠道进行分销活动，公司的每一种渠道都

可以实现一定的销售额。

渠道结构确定后，接下来的工作就是选择中间商，在选择经营本企业产品的具体中间商时，要做好以下两个方面的分析和研究，如表 9-3 所示。

表 9-3　选择中间商的分析与研究内容

选择方向	具体内容
识别和择定主要渠道对象	• 中间商的类型 • 中间商的数目 • 中间商的品牌形象 • 中间商的分布情况 • 渠道成员的权利和义务
选择渠道成员	• 与目标市场接近度 • 财务状况 • 产品组合状况 • 市场认可度 • 风险承担能力 • 发展目标 • 市场覆盖率（或占有率） • 推销产品的能力 • 储藏、运输能力

9.2.3　分销渠道的控制方法

渠道设计并布局后，要通过一定的途径对渠道进行管理，以便渠道更好地发挥其职能，控制渠道的方法有以下几种。

（1）选择渠道成员：中间商的信誉、经营经验、销售产品的特点与类别、偿债能力、增长潜力和获利能力、合作性等都会影响企业对渠道成员的选择。

（2）激励渠道成员：激励方式主要有较高利润、特殊条件、额外赠品、广告津贴、陈列津贴和其他促销活动津贴等；生产商和中间商共同制定分销规划，共同培训销售人员等，使渠道成员认识到承担渠道责任的重要性，在供应商和分销商之间建立起有效的联系，形成利益共同体，这也是一种有效的内在激励方法。

（3）评估渠道成员：评估内容包括销售量、销售增长率、开辟新业务量、承担责任情况、销售的金额、投入的成本、市场信息的反馈能力、为顾客提供的服务情况等。

（4）改进分销渠道：随着环境的变化和企业自身条件的变化等情况及时进行渠道改进，当下最大的改进就是分销渠道向线上转移。

在实际的市场活动中，分销渠道也有可能存在渠道冲突，冲突产生的原因主要有生产商对中间商的不满（分销商的人员未提供服务、信息交流无效、中间商越权管理、中间商付款不及时、回扣和付款争议、产品运输损失和损坏、广告费用争议、中间商的市场渗透不力、中间商不执行销售政策）；中间商对生产商的不满（产品缺货、新产品开发存在时滞、为解决问题进行的交流无效、产品存在质量问题和产品缺陷、错误的销售预测、包装问题造成的产品损坏、淡季财务负担）。解决冲突要使双方必须认识到渠道是一个体系，关系到双方的利益；分析冲突产生的原因，改善供应或服务的方法；通过协商的方式建立制度。

案例 **大数据赋能，助力国货品牌涅槃重生**

某服装品牌是国货品牌的典型代表，也是国人的骄傲，曾经也面临过品牌老化的问题。但是近年来，该品牌不断扩张，积极布局线上线下渠道，取得了很大的成就，截至 2020 年 12 月 31 日，该品牌在中国市场的销售点数量共计 5912 个，电商渠道成为该品牌新的增长点，收入占比逐渐提高。该品牌之所以能敏感地捕捉到消费者和市场细微变化并高效地进行产品创新，成为鞋服领导品牌，离不开企业这几年以线上线下融合为目标，以客户为中心，以快速反应的产品创新、物流和供应链组合来迎接改变，将"人和货"的运营落实到数字化门店的"场"中，建立全渠道数字化零售生态及体验。

2015 年，该品牌在阿里云助力下打造深入各个终端的统一平台，包括建立会员中台，打通线上线下的会员数据，从而对整个业务链条进行高效的数据采集和管理，这背后要靠隐藏着人们所看不见的关键的技术内核——数据中台。该品牌的中台可以总结为三个一体化：①消费会员一体化，建立全渠道会员唯一标识，对于会员的识别、追踪、服务均基于全渠道的会员体系；②产品供应一体化：将货品的采购、物流、仓储、接单、派单、配送等商品流通流程统一管理，一键查看，可以有效避免渠道间相互撞单，避免成本重复利用；③销售渠道一体化：无论线上线下任何一个渠道，消费信息均积累到同一会员体系内，所有渠道的消费信息都能集中显示，同时可以查看、对比各个渠道的市场详情。

在商品方面，该品牌可通过数据中台，在众多门店中洞察到高流水、高销量、高毛利的商品共性特征，了解消费者对于商品的偏好并提供辅助设计师进行产品设计的建议；在众多商品中则能洞察到哪些渠道表现更优秀，从而指导门店选品。而在综合门店基础数据、会员数据、数据中台沉淀的会员标签和画像、门店商品销量后，该品牌可构建智能算法驱动门店分群，比以往靠人工经验判断的方式对运营效能有明显提升。数据中台，将企业的设计生产、仓储供应、线上线下销售渠道、会员体系等所有环节的数据全部打通。在终端销售环节，收集了线上线下渠道的数据后，可进行需求分析、需求预测、卖点分析、竞品分析等，形成的智能决策可以赋能给各个业务端。

在门店运营方面，该品牌积极对线下门店进行数字化改造，通过对消费者线上线下数据采集，有效提升数字化体验：统计店铺的客流、动线数据，获取客流动线和热力数据；通过"传感器＋视频识别"技术可以采集消费者到款的触碰／拿起、试穿次数和时长，获得商品触碰试穿数据；通过消费者和商品自动识别，实现个性化商品推荐或信息查询，并可以在数字化设备上完成消费者自助便捷下单；这些所有数据，最后通过大数据平台留存。

在生产供应方面，该品牌还可根据终端销售的需求分析、需求预测，通过所建的大数据平台智能分析出其每季度上市的新品该生产多少，甚至形成更柔性更灵活的分批生产方案。第一批该生产多少保证一两个月的销量，再根据新品上市后，终端销售的各类型数据，分析新品是否需要改进，以及下一批需要生产多少。

值得称道的是该品牌还通过内置在鞋底的"智芯"模块，智能跑鞋可以将运动数据上传到智能手环或智能手机App，然后汇存公司大数据平台，从而记录用户的运动轨迹、里程、姿势等运动特征。对用户来说，不仅可以通过App分享自己的运动记录，还可以得到专业的运动指导和建议；而对公司来说，也可以根据对跑者数据的分析，及时反馈消费者需求，从而提升产品研发和设计的针对性以及良好的体验。通过这样一个"专业装备＋智能硬件＋移动互联网＋数据分析分享"的四位一体的立体智能平台，该品牌在让消费者享受到智能跑步的乐趣的同时，也实现了与消费者的连接。

多年来，该品牌不仅在加强技术创新和材料创新，提高产品科技与数字化含量，不断推出深受消费者喜爱、产生具有持久生命力"超轻"系列跑鞋的"超轻"科技平台，而且还发展出集独具东方智慧与现代科技为一体的行业科技平台，使其产品屹立而不倒。

图 9-7 所示为该品牌线下门店。

 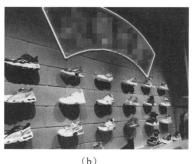

（a）　　　　　　　　　　　　　　（b）

图 9-7　该品牌线下门店

9.3　分销渠道与消费心理

生产与经营企业的分销渠道的变化会对消费者的购买行为和心理产生很大的影响，具体来说主要表现在以下几个方面：改变了消费者的购物成本、改变消费者对企业及其产品的态度或看法、不同的渠道满足消费者不同的心理需求。那么，不同的分销渠道对消费者会产生哪些影响呢？接下来让我们详细分析一下。

1）超级商场与百货商场的消费者的消费心理基本特征

（1）喜欢舒适的购物环境，很多时候没有明确的消费目标和强烈的购买欲望，出于休闲目的而逛商场，休闲和购物同步；

（2）喜欢经常的被惊喜，总是可以发现新鲜、时尚的新品，发现潜在的消费需求，可以在经常购买的成熟产品上，惊喜地发现特价或促销的活动；

（3）通常会一次购买一定周期消费量的物品，所以倾向于较大包装和较大规格的便携式包装；

（4）休闲地漫步在卖场的货架之间，并不想着刻意去寻找某样东西，所以，也通常会受到强势展示品牌和触手可及产品的吸引；

（5）信赖大卖场和百货商场，相信它们销售产品的品质、价格以及提供的服务。

2）连锁超市消费者的消费心理的基本特性

（1）喜欢简洁的购物环境，有着明确的消费目标和购买需求，花费较少的时间，同样可以买到消费者需要的全部商品；

（2）在超市的特价或促销的活动中，获得惊喜；

（3）通常会一次购买几天消费量的物品，如果有吸引力的便携包装，也可以一次性买得多一些；

（4）信赖超市，相信其销售产品的品质、价格以及推荐的产品。

3）便利店消费者的消费心理的基本特性

（1）日常便利物品的购买，通常选择小区门口的便利店，快速方便，对于日常用品往往也不会过多储存；通常是有需要了才去购买；

（2）除了特殊的物品，一次也就买一二瓶，消费者会感觉想用了随时可以购买，买多了反而有可能造成浪费；

（3）信赖便利店，商品品质是有保障的，提供的产品是经过专业精选的。

4）专卖与经销店消费者的消费心理的基本特性

（1）可以在专卖店处获得品牌代理的产品，并可以享受到一定的配送服务、信用额度以及退换货等售后服务；

（2）可以专卖店建立稳定和长期的关系，在产品使用过程中遇到任何问题都可以向专卖店进行反馈和求助；

（3）商品质量有保证，可以充分地选择商品，能够买到放心的产品，不用担心后续的维权问题；

（4）商品价格比百货或大卖场要贵一些，但贵的这一部分是在可以接受的范围内的，不会影响到消费热情。

5）批发市场与批发店消费者的消费心理的基本特性

（1）对价格优势有明确的需求，希望买到物美价廉或者说单纯的价格便宜的商品，至于品牌以及售中售后服务则没有过多的要求；

（2）愿意自己运输，所以地理位置要交通便利，以便自己运输货物；

（3）希望一次性可以采购到全部需要的全系列产品，品种不怕多，不怕杂，高、中、低各类档次的物品要齐全，可以自己来选择。

通过以上分析，我们可以看出，不同的分销渠道对于消费者的心理影响也是不同的，消费者为满足不同的购物需求和心理需求而进行分销渠道的选择。随着网络的发展，消费者的消费行为也逐渐向网络上迁移，很多品牌主也纷纷开始布局网络渠道，那么网络渠道对消费者的心理会产生什么样的影响呢？我们可以通过网络消费的特点来分析一下。

首先，从网络消费的特点来讲，网络上的商品一般来说较之于线下商品价格较低，对于一些不急用的商品，很多消费者都会基于一种"求廉"的心理而在网络上进行购买，这种消费行为追求的是产品的性价比。其次，网络消费打破了产品的地域限制，在网购平台上，可以买到各地的商品，满足消费者多元化的消费需求。因此，消费者会本着一种"求新、求异"的心理进行网络消费，希望通过网络消费带给自己全新的购物体验和产品体验。最后，从产品的性能来说，网购还是存在一定的风险的，消费者担心买到假货，对于一些价格较高的产品一般也就不会在网上进行购买。

网络消费是新媒体环境下品牌主面临的新的营销环境，要想在网络营销中获得成功，品牌主一定要对新媒体环境给消费者带来的心理变化进行洞察，明确不同平台在消费者心目中的定位，针对不同品牌的特性合理布局产品的分销，切莫为了追求眼前的利益而"一刀切"，盲目布局网络分销渠道。

案例　不同网购平台的区别

A、B、C 是国内三家做得比较大的电商平台。A 是最早开始做电商的，也是凭借一己之力改变了消费者的购物习惯；B 后来者居上，凭借高质量的产品和成熟的物流体系赢得了消费者的口碑；C 是近几年兴起的网购平台，也是靠拼团的特色赢得了一定的市场。虽说三者都是网购平台巨头，但三者的运营思路以及对于消费者心理的影响是不同的，下面让我们来具体分析一下。

A 偏向于搜索推广思维，链路为外部流量进入 - 品牌购买流量 - 转化为销售额 - 提升品牌溢价 - 流量。商家需要在众多的平台流量产品中，找到比较合适的流量分发方法和逻辑，类似于金融工程建模，实现 ROI 最大化。A 平台诞生了众多的中档品牌，如一些国产化妆品品牌等，也有很多运营品牌的代运营公司，服务于传统品牌及海外大牌。

B 的变现模式从过去的流量思维转换为用户体验为主的方式，包括页面的更换，实现从过去单一页面到以商户和用户算法为主体的方式，自营性的产品通过提价减少补贴，保证正品和物流配送时效性，提升用户活跃度，同时获得新用户并提升老用户复购率。

C 是单品运营思维，没有购物车，和 A、B 等传统老牌电商平台的购物车对比，C 对单个 SKU 的销售评价运营更加精细化。单品爆款建立在用户的选择上，算法给予了 C 在商品推荐上更偏向于低价策略，而这些低价并不是干预，而是用户点击购买浏览的结果。C 流量的变现来自广告和佣金，还有可能未来会建立会员体系，通过收取会员费的模式增加用户的复购率，降低品牌企业的成本。

整体来看，C像一个零售企业，A像一个购物中心，而B则像一个专卖店。B通过强管控，实现品牌品质保证，同时即时性的物流体验获得了众多一二线的粉丝用户。C的平台调性是高性价比，无论是生鲜、百货及日用品等，还是百亿补贴的品牌，在电商平台极具性价比，而这些用户的核心特征是理性购买，就像是技术已经对用户画像，实现了闭环。A则像一个大超市，在满足消费者多元化需求方面更具有优势。

再来看看三个平台的不同用户画像：B用户的特点是"我知道我要什么，我要最有效率的，性价比好的东西"，就像男性买衬衫。A用户的特点是"我不知道买什么，我得看"，就像女孩子买裙子，买什么样的得看，然后就是两个女生去商场逛了十几家店，看了几百件衣服，最后买了一顶帽子。C用户的特点是"我没有需求，我现在就是闲，需要解解闷儿"，就像聊天儿、看视频、打游戏的这类用户。

C是一个没有需求的用户，对于一个没需求的人，如果打开A或B网购平台，同样没有需求，也不可能点进去。

再来看C平台，限时秒杀、品牌清仓、天天领现金、现金签到、砍价免费拿，C用户不想买任何东西，但是打开C平台还是可以干一点事，至少可以现金签到吧。这时会发现，如果一个小闲用户连续签到3天，领到的现金大概6块多，已经可以在C平台上买一个抽纸了，这就是说哪怕用户不打算在C平台上买抽纸，但其闲着没事干，签到3天得到的钱就可以买了抽纸拿回家，用户很开心，用户对C平台评价很高，这就是一个对小闲用户的真实转化。

随着直播的兴起，三家网购平台也纷纷开始布局直播带货。A引领了整个直播电商行业，通过供应链能力及流量能力，培养了很多直播达人，将商品流量转化为红人流量，众多品牌也因为直播受益，如一些化妆品品牌等。A直播的核心优势来自品牌的供应链优势，产品足够丰富，通过打造几个红人，引领商家直播，大比例分成激励了红人直播，但如果看佣金费用率，其实是削弱了企业的品牌广告盈利能力。而B其实有单独的流量入口给予直播，对商家通过直播业务的扣点率从平均约7%降低至1%，大大激发了品牌商户直播热情。C很少看到红人直播，并且没有单独的流量入口，更多是商家主导的直播，当然对于直播来说，更多地集中于供应链带来的流量优势，而本身该平台足够低价，如果能够辅助商家直播的体验，将提升消费者和品牌商户的交互，实现转化率的提升。

课堂讨论：思考你对于主流网购平台的消费心理是怎么样的？

9.4　批发商与消费心理

批发商的概念是以前对商人的一种叫法，现在一般是指企业，用来说没有服务终端意识的坐商。批发商的特点主要体现在拥有大量的货物，批量出售货物且不提供零售业务，同时出售的物品价格会比市场零售价格低。批发商的形式共有4类。

（1）商业批发商，包括全部服务批发商，这种批发商执行批发商的全部职能：预测顾客的需求，销售和促销，采购和置办各种商品，整买零卖，储藏、运输，提供市场信息和提供管理服务及咨询、资金融通、风险承担。

（2）经纪人和代理商，包括商品经纪人、制造商代理商、销售代理商、进出口代理商、采购代理商和佣金商。

（3）制造商和零售商的分部、营业所、采购办事处。

（4）其他批发商，如农产品集货商和拍卖公司。

批发商在分销渠道中处于重要的地位，可以有效缓解品牌主的经营压力，助力品牌推广，因此品牌主在选择批发商时要慎重，往往需要考虑以下因素。

（1）区域市场情况：批发商业务范围的地理分布区域与企业目标销售区域是否一致，要有助于品牌形象的塑造和传播，通过产品的销售增进目标客户对于品牌的理解，从而使得品牌成为消费者的首选。

（2）渠道网络情况：批发商渠道网络成员是否多而广泛，这关系到批发商的市场营销能力，批发商网络广泛，其市场张力也就比较强，产品容易扩散出去，前期投入的成本也可以快速收回。

（3）营销实力情况：批发商掌握和反馈市场信息的能力、批发商的合作精神和能力、批发商的竞争优势等都是营销实力的体现，要通过对其分析来决定是否选择该批发商。

案例　批发商新形态：某小商品批发市场"云开市"

改革开放后，随着中国乡镇企业的兴起与民营经济的发展，在中国大地上出现了许多小商品市场，最著名的是浙江金华的义乌和河北石家庄的南三条，有"南有义乌、北有三条"的美誉。

在改革开放前，浙江经济毫无知名度，但改革开放20多年间，浙江省克服了资源紧缺、市场狭小的先天不足，依靠培育专业小商品市场，推动农村工业化，让千家万户成为市场经济的主体，一个个专业化的特色小商品专业区星罗棋布，正是这些做大的小商品市场构成了中国经济腾飞的一道亮丽风景。

中国的小商品是世界上最具竞争力的，不仅在发达国家，在发展中国家也有非常广阔的市场，从最初的"鸡毛换糖"到现代化的网络物流，中国小商品正以高速发展来为经济的腾飞作出贡献。一方面，是由于我国小商品物美价廉，具有市场竞争力；另一方面，则是由于龙头出口企业的带动。而随着我国加入WTO，越来越多的企业将获得外贸经营权，并依托具有中国特色的小商品市场，这些民营的小商品生产厂商将从以往的国内贸易，转而登上国际市场舞台。而随着网络的发展，小商品批发商也开始积极布局网络渠道，扩大销售范围。

2020年，一场疫情让线下商业跌入低谷，却点亮了当年最大的风口——电商直播。受疫情影响，直播带货成为消费新潮流。某村拥有99幢房子1200间店面，每间店面的年租金在10万元左右，但仍一铺难求。社交电商的氛围在村里随处可见，几乎每个店的门头、墙体和门口易拉宝上都印着二维码，有公众号、有私人微信，也有微信群，"网红产品""快手""抖音""爆款""微商"等字样随处可见。"80后"陕西小伙 A 因为逆风翻盘，成了该村的红人。2014 年，因为在老家创业失败，A 背负着 50 多万元债务来到该村，想从电商里"淘金"、东山再起。2016 年，A 从传统电商平台转战到短视频社交平台，通过分享自己每天的生活和创业故事，积累了 20 多万粉丝，慢慢地，这些粉丝都成了他的客户。他一个月卖了 35 万件羊毛衫的消息震惊了很多网红主播，许多粉丝慕名找到他，希望通过短视频和直播实现创业梦。于是，他做了一个大胆的决定，和朋友一起开创该村首个网红孵化基地，取名"创业之家"，帮助陷入迷茫的创业者。两年时间，超 1 万人通过"创业之家精英培训班"进入直播电商行业。

该村吸引的不仅仅是网红主播，还有供货商。同盟品牌爆款工厂店负责人 B 摆过地摊，卖过水果，收过废品。2016 年，他租下江北下朱村一间店面，做小商品批发生意的同时，也在探索品牌供应链。在他的店铺里，产品五花八门，从银饰、面膜、玩具，到运动鞋、羽绒服，应有尽有。"我们的客户既有京东、拼多多、淘宝上的商家，也有河南郑州、山东临沂、河北邯郸等二级批发市场的客商，我们还给直播红人供过货，我们是供应链，对接工厂，算是主播与工厂之间的桥梁。一些中小主播，他们没有上游工厂资源，他们研究怎么去卖货，而我们研究工厂和产品。"令 B 欣喜的是，强化供货体系、强化品牌意目前在不少商户已成共识，该村的人气吸引了阿迪达斯、小霸王、荣事达等很多品牌代理商的关注，集聚了服装箱包、美妆美饰、网红食品等 1000 多个品牌，持照市场主体 4400 余家。

直播电商风口下，该村可谓人、货、场元素齐全，很多成功的人都是积极响应营销环境的新变化，积极布局线上分销渠道，敢于不断试错，越挫越勇，才逐渐有了今天的成功。有人说，这里可以"一夜暴富"。但那些亲历者却只认一句话："只有努力打拼，才会拥有幸运。"

图 9-8 所示为带货直播现场。

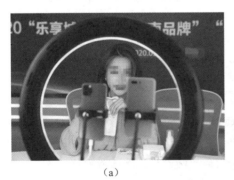 

(a)　　　　　　　　　　(b)

图 9-8　带货直播现场

✎ **课堂讨论**：批发商在分销渠道当中发挥怎样的作用？

9.5 零售商与消费心理

零售商是指将商品直接销售给最终消费者的中间商，处于商品流通的最终阶段。零售商的基本任务是直接为最终消费者服务，它的职能包括购、销、调、存、加工、拆零、分包、传递信息、提供销售服务等。在地点、时间与服务方面，方便消费者购买，它又是联系生产企业、批发商与消费者的桥梁，在分销途径中具有重要作用。零售商包含以下 4 类：零售商店、无店铺零售、联合零售和零售新业态。

1. 零售商店

零售商店包括百货商店、专业商店、超级市场、便利商店、折扣商店和仓储商店等。

（1）百货商店：商品种类齐全、客流量大、资金雄厚、人才齐全、重视商誉和企业形象、注重购物环境和商品陈列。

（2）专业商店：品种齐全、经营富有特色、专业性强，能够满足消费者对于某一特定品类商品的需求。

（3）超级市场：实行自我服务和一次性集中结算的售货方式、薄利多销、商品周转快、商品包装规格化、明码标价。

（4）便利商店：营业时间长，以经营方便品、应急品等周转快的商品为主，如饮料、食品、日用杂品、报纸杂志、快递服务等。商品品种有限，价格较高，但因方便，仍受消费者欢迎。

（5）折扣商店：设在租金便宜但交通繁忙的地段、经营商品品种齐全、多为知名度高的品牌、设施投入少、尽量降低费用、实行自助式售货、提供服务很少。

（6）仓储商店：位于郊区低租金地区、建筑物装修简单以零售的方式运作批发、常采取会员制销售来锁定顾客。

图 9-9 所示为百货商店与便利店。

图 9-9　百货商店与便利店

2. 无店铺零售

无店铺零售包括上门推销、电话电视销售和自动售货等。

（1）上门推销：企业销售人员直接上门，挨门挨户逐个推销。如雅芳公司就是这种销售方式的典范。

（2）电话电视销售：利用电话、电视作为沟通工具，向顾客传递商品信息，顾客通过电话直接订货，卖方送货上门，整个交易过程简单、迅速、方便。

（3）自动售货：利用自动售货机销售商品，目前这种销售方式已遍布大街小巷。图9-10所示为自动售货机。

3. 联合零售

联合零售包括批发联号、零售商合作社、消费合作社和商店集团等。

图9-10　自动售货机

（1）批发联号：中小零售商自愿参加批发商的联号，联号成员以契约作联结，明确双方的权利和义务。批发商获得了忠实客户，零售商按比例在批发联号内进货，保证了供货渠道。

（2）零售商合作社：主要是由一群独立的零售商按照自愿、互利互惠原则成立的，以统一采购和联合促销为目的的联合组织。

（3）消费合作社：社区居民自愿出资成立的零售组织，实行民主管理。这种商店按低价供应社员商品，或制定一定价格，社员按购物额分红。

（4）商店集团：零售业的组织规模化形式，没有固定的模式，在一个控股公司的控制下包括各行业的若干商店，通常采用多角化经营。

4. 零售新业态

零售新业态包括连锁商业、连锁超市、特许经营、商业街和购物中心等。

（1）连锁商业：众多的、分散的、经营同类商品或服务的零售企业，在核心企业（连锁总部）的领导下，以经济利益为连接纽带，统一领导，实行集中采购和分散销售，通过规范化经营管理，实现规模经济效益的现代流通组织形式。

（2）连锁超市：连锁商业形式和超级市场业态两者的有机结合。它是我国现代零售业主流，在发展中进一步细分和完善，极大方便了消费者的日常生活。

（3）特许经营：一种根据合同进行的商业活动，体现互利合作关系。一般是由特许授予人按照合同要求，约束条件给予被授予人的一种权利，允许受许人使用特许人已开发出的企业象征（如商标、商号）和经营技术、诀窍及其他工业产权。特许经营分为商品商标型特许经营、经营模式特许经营、转换特许经营。

（4）商业街：由经营同类的或异类的商品的多家独立零售商店集合在一个地区，形成的零售商店集中区，也有集购物、休闲、娱乐综合功能的商业街，商业街往往也成为了消费者的休闲方式。

（5）购物中心：零售商店及其相应设施组成的商店群体，作为一个整体进行开发和管理，通常包括一个或多个大的核心商店，并有许多小的商店环绕其中，有庞大的停车场设施，顾客购物来去方便。容纳了众多各种类型的商店、快餐店、餐饮店、美容、娱乐、健身、休闲，功能齐全，是一种超巨型的商业零售模式。图 9-11 所示为某购物中心。

图 9-11　某购物中心

案例　　**布局新零售：某生鲜品牌的进阶之路**

新零售究竟是什么？商务部曾给出定义：新零售是以消费者体验为中心，以行业降本增效为目的，技术创新为驱动的要素而全面更新的零售。消费者体验、行业降本增效、技术创新，对比某生鲜品牌与传统商场的特质，可以发现其不同主要集中于以下三点。

1. 消费者体验

当大多数传统商超仍聚焦线下变革时，某生鲜品牌便开始结合线下、线上，打造极致的购买体验。在线下，该品牌与各大商场类似以生鲜为主要卖点，除了提供常见的水果、蔬菜、禽、肉、蛋、奶外，也售卖诸如帝王蟹、龙虾、鲍鱼等不常见的鲜活海鲜，但该品牌对于品质的要求是格外严格的。而与众不同的是，该品牌开辟出了专门的加工区域，消费者购买海鲜类产品后，只需支付少量的加工费用，便可以享受到由厨师代为烹调的增值服务。对于一些消费者来说，该品牌已与"大排档"画上了等号，在这里吃海鲜、喝啤酒，成为他们生活的一种常态。

图 9-12 所示为该品牌线下门店的果蔬售卖区域。

图 9-12　该品牌线下门店的果蔬售卖区域

在线上，该品牌则主打配送服务，通过 App 线上购买的商品，该品牌承诺全温层配送、最快 30 分钟送到家。能够实现这一承诺，该品牌对订单的处理能力功不可没，该品牌将店内空间分为上、下两部分，下部是正常的消费区域，摆放着货架与商品；而上部则是遍布卖场的滑道，一旦有消费者从线上下单，不同区域的理货员便能快速地对商品进行分拣，并通过滑道传送到备货终端，极大减少了备货时间，提升了消费者的满意度。

图 9-13 所示为该品牌线上商城界面。

图 9-13　该品牌线上商城界面

2. 行业降本增效

该品牌的定价甚至低于一些传统集市，这与该品牌所建立的生态链条有很大关联。该品牌建立生态链的关键有两点：一是聚焦产地和种植。首先，依托农村淘宝与数百家生鲜农产品基地展开合作，保证了生鲜类产品的直采供应；其次，通过天猫的联合采购、菜鸟的港口物流，该品牌得以构筑全国乃至全球供应链体系，实现高附加值产品的采购售卖。二是打造物流体系。过去，中国蔬菜大多是本地化或者就近供应，如崇明岛的蔬菜供应上海市区，山东和京郊蔬菜供应北京市场。若想实现全国范围内的互通共享，只有建立完善的物流体系。针对于此，该品牌构建着一张覆盖全国的低成本的生鲜物流网络，包括冷链运输、多温层仓库、加工中心、海鲜水产暂养中心等。

3. 技术创新

从线下购物时代到移动购物时代，消费者购物方式的变化有三点：一是消费者不再"去购物"，而是"总在购物"，消费者的任何活动都有可能被商品信息所包裹而产生消费行为；二是消费者不再"穿梭于店铺"，而是"主动搜索与场景触发"，网络的发展增强了消费者的主动性；三是消费者的购物周期不再"线性"，而是"逃代重复"，不断通过购物增加新的消费体验。消费者购物方式更加多元，消费者购物决策因素更加丰富，商家自然也需要与时俱进，完善其所提供的卖点、服务。该品牌通过某电商巨头为消费者勾勒着用户画像，提供更多的用户行为数据，如加购数量、浏览次数等，及时发现消费者的消费需求，通过产品的消费和产品的转型升级，进一步优化供需关系。

该品牌创建之前，企业负责人曾去日本进行调研。在日本，他发现了一个全新的超市品类，当地人称其为 3R 产业（Ready to cook，Ready to heat，Ready to eat）。通过对食材的预处理和预包装，使消费者在购买到商品后能够即时烹饪、即时加热或现场即食，这是 3R 品类的卖点，也是该品牌负责人看到的未来商超差异化核心。围绕于此，该品牌成立了一个特殊部门——3R 商品中心，并由该部门对该品牌商品进行二次创新。也正是通过这个部门，该品牌收获了同行难以比拟的利润净值和品牌声量。

搭建 3R 商品中心，该品牌并没有对人才设置硬性要求，反而以价值为导向进行筛选。该部门在招聘"爆品研发专家"时，对应聘者有以下要求：能吃，每天需试吃不少于 10 种新品；懂吃，既熟悉路边摊，又了解顶级料理的优先；爱旅游，能接受出差，每周需飞 2～3 个地区寻找美食；爱玩手机，每天需保证刷社交媒体、美食或生活类 App 3 小时找灵感；爱运动，若无运动习惯，能接受专人督促健身运动，帮助控制体重；弹性工作制，可刷剧看综艺找美食灵感，但建议不要长时间占用厕所坑位，影响同事解决内急；射手座、处女座加分，懂网红潮牌、奢侈品的时尚达人加分。从这可以发现，3R 部门工作人员最重要的素养就是具备"创造性"。懂得时尚，能吃、会吃、爱吃，这些看似噱头的条件，反而是 3R 部门得以创新创造，继而为该品牌赋能的根源。从这些招聘条件中，也可以看到该品牌为迎合互联网所做的努力，积极地去变成消费者喜爱的品牌，为消费者需求的满足提供更多的解决方案。

图 9-14 所示为该生鲜品牌的线下门店。

图 9-14 该生鲜品牌的线下门店

9.6　本章小结

　　本章首先对分销渠道的相关概念进行了阐述，进而对于网络分销渠道的转变进行了分析，并结合分销渠道对于消费者心理的作用，对分销渠道的设计原则进行了解读。分销渠道是影响消费者消费体验的重要因素，影响着消费者对于产品的感知和评价，因此在实际的营销过程当中，一定要了解相关的社会环境和树立品牌定位，有针对性地布局分销渠道，洞察消费者消费行为的变化，促进产品的销售和品牌的塑造。